河北地质大学 2023 年学术著作出版基金项目（CB2023009）
河北地质大学 2023 年国家预研项目（QN202310）
河北省教育厅人文社会科学研究重大课题攻关项目（ZD202311） 联合资助
2023 年度石家庄市经济社会发展调研项目（2023dybc08）
河北省科技创新与区域经济可持续发展研究基地
河北地质大学自然资源资本资产研究中心

数字化与服务业生产率

李帅娜 著

地质出版社
· 北 京 ·

内 容 提 要

本书首先从理论上构建了数字化影响服务业生产率的一般理论模型，并从交易成本、要素配置、创新、专业化分工、市场化、高技能劳动力等方面，深入探究了数字化影响服务业生产率的路径；其次基于2011—2019年中国服务业沪深A股上市公司样本数据，实证检验了数字化影响服务业生产率的效应及异质性冲击。研究发现：①数字化显著提升了服务业生产率；②数字化对服务业生产率的影响在不同企业、行业、地理区位之间存在差异；③数字化对服务业生产率的影响呈现边际效应递增的非线性特征。

本书可供经济学及相关专业科研人员、高校师生参阅。

图书在版编目（CIP）数据

数字化与服务业生产率 / 李帅娜著. —北京：地质出版社，2023.10

ISBN 978－7－116－13799－8

Ⅰ.①数… Ⅱ.①李… Ⅲ.①服务业-劳动生产率-研究-中国 Ⅳ.①F726.9

中国国家版本馆CIP数据核字（2023）第179636号

SHUZIHUA YU FUWUYE SHENGCHANLÜ

责任编辑：柳 青
责任校对：田建茹
出版发行：地质出版社
社址邮编：北京市海淀区学院路31号，100083
电　　话：（010）66554528（邮购部）；（010）66554632（编辑室）
网　　址：https://www.gph.clmpg.com
印　　刷：北京地大彩印有限公司
开　　本：787mm×1092mm 1/16
印　　张：8.5
字　　数：207千字
版　　次：2023年10月北京第1版
印　　次：2023年10月北京第1次印刷
定　　价：50.00元
书　　号：ISBN 978－7－116－13799－8

前　言

服务业已成为中国第一大产业和经济增长的主要动力，是中国经济转型升级发展的重要引擎。然而，经济理论与发达国家的经济发展历程证实，服务业为主的产业结构有降低经济增长速度的内在力量，并且这种现象在中国已经开始显现。目前中国正处于数字化时代，数字化赋予了服务业发展的新契机，那么数字化与服务业的深度融合能否改善这一问题，即在数字化时代下，服务业生产率能否提升从而打破结构性减速这个魔咒呢？这不仅关乎在服务经济时代中国经济是否可以继续保持稳定增长之势，实现经济的高质量发展，而且关乎数字技术与实体经济相融合的可持续发展。因此，这些问题值得进行深入系统的分析和探讨。

聚焦于上述问题，本书分为绪论、理论基础与文献综述、数字化影响服务业生产率的理论分析、数字化与服务业生产率的测算及特征分析、数字化影响服务业生产率的效应检验、数字化影响服务业生产率的机制检验及拓展性分析、研究结论与对策建议等7章内容。在理论层面，一是借鉴 Acemoglu et al.（2018c）的思想，将服务业数字化定义为服务供给自动化、新形式的服务两类形式，并同时将其引入服务业生产函数，构建了数字化影响服务业生产率的一般理论模型。二是从节约交易成本、要素配置优化、商业模式创新、专业化分工深化等方面深入探究了数字化影响服务业生产率的路径。进一步从市场化、高技能劳动力两个角度讨论了数字化影响服务业生产率的调节机制。三是探讨了数字化影响服务业生产率的机制在服务业细分行业中的具体表现及差异。在实证方面，一是测算了服务业的数字化水平与生产率水平，并分析了其发展演进特征与行业特征。二是检验了数字化影响服务业生产率的效应、机制及异质性冲击。三是拓展分析了数字化影响服务业生产率的非线性特征及长期效应。总体而言，本书构建了一个较为系统的分析框架，丰富了现有关于数字化与服务业生产率关系的研究，为研究生产率悖论提供了一个有益的新视角。

本书是笔者攻读博士学位期间的研究成果，在研究成果将要出版之际，感谢博士研究生导师庞瑞芝教授从选题到最终答辩的悉心指导与谆谆教诲。同时感谢博士学位论文评审过程中的5位专家对本研究内容给予了充分肯定并提出建设性意见。

李帅娜

2023年7月

目 录

第一章　绪　　论

本章旨在系统介绍本书的研究主题，以为下文的分析奠定框架基础。首先，结合数字化与服务业发展现实，陈述了本书的研究背景；其次，从理论价值、现实价值两个方面论述了研究意义；再次，通过研究思路勾勒了本书的整体研究框架，并进一步阐释了本书的研究内容；最后，介绍了本书的研究方法及创新点。

第一节　研究背景

一、服务经济时代存在结构性减速现象

"中国已经步入服务经济时代"成为社会各界的共识。目前，服务业已成为我国第一大产业和经济增长的主要动力。如图 1-1 所示，2012—2021 年，服务业增加值占比呈明显上升趋势，由 45.5%上升至 53.3%，增长了 17.1%；服务业对国民经济增长的贡献率由 45.0%上升至 54.9%，增长了近 22.0%。其中，2012 年服务业增加值占国内生产总值（GDP）的比例为 45.5%，首次超过第二产业。2015 年服务业增加值占 GDP 的比例为 50.8%，首次突破 50%，标志着我国进入了服务经济时代。然而理论研究表明，服务业为主的产业结构有降低经济增长速度的内在力量，即服务业为主的产业结构易导致经济增长出现结构性减速现象（Baumol et al.，1985；张建华等，2019）。美国、英国、法国等

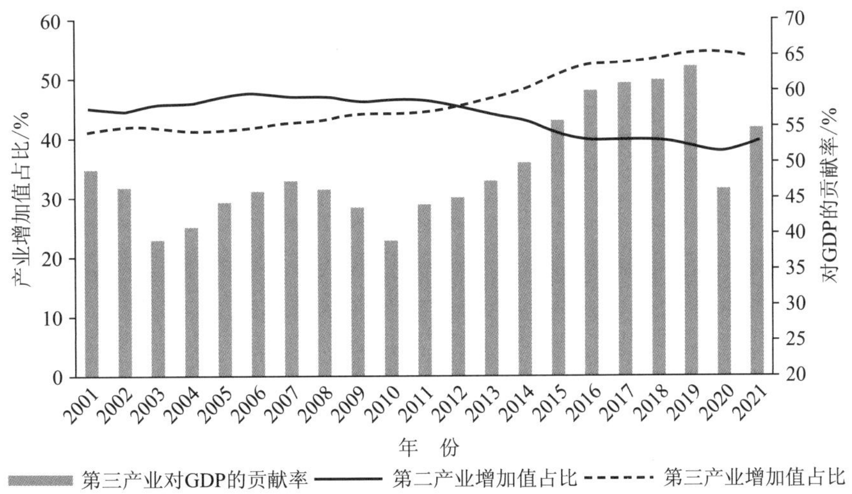

图 1-1　产业增加值占比与产业对 GDP 的贡献率

（据国家统计局（http：//www. stats. gov. cn/）公布的数据整理、绘制）

发达国家的经济发展历程也说明了这点，即伴随着服务业在三大产业中的占比不断上升，经济增长速度呈现出下降趋势。此外，这种结构性减速现象在中国也开始显现。改革开放以来，中国经济一直保持高速增长，GDP 年平均增长率达 9.7%。然而，从 2010 年开始，中国经济增长率却进入了缓慢下行通道，GDP 年平均增长率由 2010 年的 10.3% 持续下降至 2021 年的 8.1%（图 1-2）。

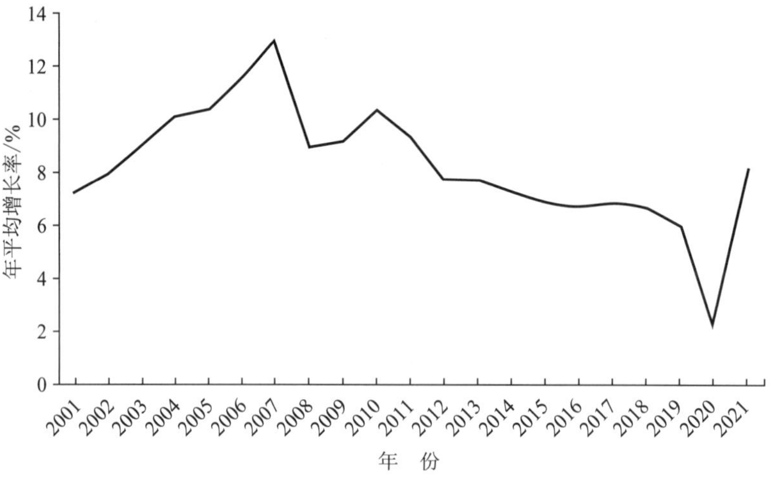

图 1-2　2001—2021 年 GDP 年平均增长率

（据国家统计局（http：//www.stats.gov.cn/）公布的数据整理、绘制）

在我国经济增长的过程中，之所以存在结构性减速这种现象，除了 2008 年金融危机的影响之外，最主要的原因就是我国进入了以服务经济为主导的经济时代（江小涓，2020a）。而在服务业比例提升的过程中会出现服务业的低效率，甚至“鲍莫尔病”（Young，2014；宋建等，2017）。因此，在服务经济时代，我国经济还将会在一段时间内面临较大的下行压力（江小涓，2021）。服务业最根本的问题是生产率不高，以至于降低了整个经济的增长，比如艺术表演、教育、医疗、家政服务等行业被普遍认为属于生产率很低的服务业。因此，如果服务业生产率提高了，服务经济时代也就不会出现结构性减速的现象（江小涓，2020a）。

二、数字化赋予了服务业发展的新契机

随着物联网、大数据、云计算、人工智能、区块链等新一代信息技术的发展与应用，我国的经济社会形态逐渐向数字经济形态转变，步入了一个以数字化为特征的新时代。近年来，数字经济蓬勃发展，其占国民经济的比值以及贡献程度逐渐凸显，已成为我国经济中最为核心的增长极之一。中国信息通信研究院的数据显示，2002 年我国数字经济增加值为 1.2 万亿元，2019 年为 35.8 万亿元，增长了近 29 倍。数字经济占 GDP 的比例也逐年提升，由 2002 年的 10.3% 上升至 2019 年的 36.2%。与此同时，数字经济对 GDP 增长的贡献率逐渐提高。自 2014 年，我国数字经济对 GDP 增长的贡献率首次超过了 50%，2019 年达到了 67.7%，成为国民经济中最为核心的增长极之一。2020 年，在新冠疫情冲击和全球经济下行的背景下，我国数字经济依然显现出强劲的增长之势，其规模达 39.2

万亿元，同比增长了 9.7%，远高于同期 GDP 名义增长速度，成为稳定经济增长的关键动力。

数字化的发展意味着数字技术的广泛应用，并对经济社会产生颠覆性、系统性变革。其中，数字技术具有广泛性，包括通信技术、互联网、物联网、大数据、云计算、人工智能、区块链、5G 技术等一系列技术。数字技术属于通用技术，具有高融合性与高渗透性，会对经济社会生活的方方面面产生深远的、变革性的影响，也为服务业的发展提供了新契机。2016—2020 年，我国数字经济对服务业渗透率由 29.6% 上涨至 40.7%，始终居于三大产业之首。数字化的发展正在悄无声息地改变着服务业的原有服务形式。比如，自媒体、滴滴打车、手机支付、无人超市、外卖、跑腿、共享单车、互联网金融等服务的出现。新冠疫情的突发使得在线办公、在线体育、在线教育、互联网医疗、网络视频等数字化新业态、新模式不断出现，宅生活、微经济、无接触、云消费等数字化生活逐渐普及与流行（王伟玲等，2020）。与此同时，数字技术的应用在新冠疫情防控中也发挥了重要作用，提高了疫情防控的效率，如通信大数据行程卡、健康码等程序的应用（江小涓，2020b）。数字化的发展也进一步推动了服务业中平台模式、推送与搜索的新商业逻辑、网络型生产组织、共享经济的出现。总而言之，数字化的发展改变了服务业的部分传统性质，比如不可存储、不可贸易，赋予了服务业规模经济、范围经济、长尾效应新的特点（江小涓等，2019）。

目前，中国处于数字化时代与服务经济时代的“双时代”背景下，数字化为服务业发展带来的新契机是否可以提高其生产率呢？是不是有可能打破结构性减速这个规律呢？如果是，影响机制又是怎样的呢？刘鹤副总理在 2021 年世界互联网大会的致辞中指出，“数字技术深刻改造生产函数并不断创造新业态，为各国带来新的发展机遇”“要克服‘鲍莫尔病’和‘数字鸿沟’，实现包容性增长”。可见，这是一个值得深入分析和讨论的话题。不仅关系到在服务经济时代中国能否继续保持相对稳定的经济增长，而且关系到数字技术与实体经济相融合的可持续发展。本书的目的即是针对这一话题展开详尽剖析。

第二节　研究意义

一、理论意义

第一，有利于深化拓展服务业生产率的相关研究，尤其是数字化与服务业生产率方面的研究，也丰富了生产率悖论的经验证据。在数字化时代，数字技术对服务业的影响逐渐成为热点话题。然而，大多数的研究主要集中于定性探讨互联网、大数据、云计算、物联网等为核心支撑的数字化对服务业性质的改变。比如，放松了服务供给与需求同时同地的假设，赋予了服务可存储性与可贸易性。虽然有关信息技术、互联网与服务业生产率的研究中涉及信息技术影响服务业生产率的机理，但是主要集中于交易成本，较少真正打开数字化影响服务业生产率的“暗箱”。关于数字化是否影响以及如何影响服务业生产率缺乏系统深入的分析。本书基于对现状与特征事实的深度挖掘和把握，构建数字化影响服务业生产率的系统理论框架，从作用路径、调节机制两个方面深入探讨数字化影响服务业生产率的内在机制，并且从多维度实证考察数字化对服务业生产率的冲击，为研究数字化时代下转变服务业增长模式、提升其生产率、实现服务经济高质量发展提供了理论和经验证据。

第二，有利于丰富数字化的相关研究。一方面，丰富了数字化内涵与量化的研究。目前，关于数字化内涵的界定模糊不清，尚未达成一致。并且，针对服务业数字化发展水平的测度评价研究较少，缺乏全面、系统、准确的量化评价分析，这也进一步制约了数字化相关研究的深入发展。本书基于对数字化概念的界定，采用 CSMAR 数据库中的数字化数据测算了服务业数字化水平。这不仅丰富了数字化内涵与测算方面的文献，而且也为后续的研究提供一定的参考。另一方面，推动了以大数据、互联网、云计算、区块链、物联网等数字技术为核心支撑的数字化发展研究。2020 年，中共中央、国务院发布《关于构建更加完善的要素市场化配置体制机制的意见》，提出数据已经成为经济社会发展的一个关键要素。随着数字化的发展以及新一代信息技术在服务业中的广泛应用，电子商务、共享经济、平台经济等服务业新模式、新业态不断出现。然而，关于数据这一生产要素如何纳入生产函数以及数字化如何为服务业发展提供新动能的研究尚不全面。立足于此背景，本书基于对数字化内涵的界定，应用新兴古典经济学模型框架，构建了数字化影响服务业生产率的理论模型，并且进一步探究数字化影响服务业生产率的具体作用路径与调节机制，推进了数字化理论的研究视域，也为数字化的均衡、可持续发展提供了依据。

二、现实意义

第一，探究如何提升服务业生产率，有助于实现服务经济的高质量发展，破解新常态下中国经济发展难题。中国经济迈入新常态以来，面临着转方式、调结构、促转型、保增长和可持续发展五大任务，经济增速阶段性转换以及社会主要矛盾发生变化。在此背景下，发展服务业逐渐成为经济转型和产业升级的引擎。本书除了深入探究数字化对服务业生产率的影响效应与机制，还从时间、空间、企业所有制等角度系统考察了 2011 年以来我国服务业生产率的发展演变，以及服务业生产率的行业异质性。这有利于深入了解服务业发展现状、甄别制约服务业生产率提高的真实因素，从而为服务业生产率的提升、服务业的高质量发展提供依据。

第二，剖析数字化如何赋能服务业生产率，有利于构建新发展格局。数字经济已经成为我国经济增长的重要力量，数字化与实体经济深度融合是构建新发展格局的战略选择、关键支撑。服务业的发展在“畅通国内大循环”“促进国际国内双循环”过程中有着不可忽略的作用，尤其是交通运输业、金融业以及文化、教育、医疗、卫生健康公共服务业等行业。服务业生产率的提高有利于扩大内需、增强供给适应引领创造新需求能力。因此，探究数字化如何提高服务业生产率有助于构建新发展格局。

第三，剖析数字化如何赋能服务业生产率，有利于推动数字技术与经济社会生活的深度融合，推进数字中国建设。《中华人民共和国国民经济和社会发展第十四个五年规划和 2035 年远景目标纲要》明确指出，要“加快数字化发展，建设数字中国”。由此可见，数字化已经成为中国未来经济高质量发展的重要战略方向。基于服务业数字化水平的测度，本书详细分析了服务业数字化水平的演变特征与行业特征。与此同时，多维度检验了数字化对服务业生产率的影响效应。这些客观认识与结论均有助于把握当前数字化发展的现状以及可能存在的问题，有助于识别数字技术与服务业融合的关键节点与路径，从而为加快数字技术在各行各业中的应用、推动数字中国建设提供证据。

第三节　研究思路与内容

一、研究思路

本书立足于服务经济时代存在结构性减速现象，数字化赋予了服务业发展的新契机这一现实基础，紧紧围绕“数字化如何影响服务业生产率”这一主题展开，以探求在数字化时代和服务经济时代的“双时代”背景下，如何提高服务业生产率、打破结构性减速魔咒，以及如何实现数字化的均衡、可持续发展。主要研究如下几个问题：

第一，数字化影响服务业生产率的总效应是什么，是否可以进行数理化表达。即如何将数字化引入服务业生产函数，以判断其对服务业生产率的影响。

第二，数字化影响服务业生产率的机制是什么。即数字化通过何种路径影响服务业生产率。一般而言，数字化作用的充分发挥需要满足一些互补性条件，那么数字化影响服务业生产率的调节机制又包括哪些，这些影响机制在不同的服务业中又如何表现。

第三，服务业的数字化水平与生产率水平的发展演进特征及行业特征具体表现如何。

第四，数字化对服务业生产率的影响效应是什么，企业、行业、区域视角的异质性冲击表现又如何。

第五，数据这一要素被普遍认为具有边际报酬递增的特征，那么数字化对服务业生产率的影响是否具有非线性特征。数字化是一个不断深化与拓展的过程，那么在长期内数字化对服务业生产率的影响是否存在。

通过对上述问题的思考，本书遵循“提出问题—分析问题—实证检验—解决问题”的总体分析思路逐步展开研究，依次解答上述问题。首先，基于对相关理论与文献的梳理与总结，一方面构建了数字化影响服务业生产率的理论模型；另一方面详细剖析了数字化影响服务业生产率的路径、调节机制及其行业具体表现。其次，基于服务业数字化水平与生产率水平的测算，分析了其发展演进特征及行业特征。再次，基于服务业上市公司数据，实证考察了数字化对服务业生产率的影响效应，包括异质性冲击以及机制检验。从次，探讨了数字化对服务业生产率影响的非线性特征与长期效应。最后，根据现实情况与研究结论，从多个角度提出数字化提升服务业生产率的对策建议。

二、研究内容

本书共 7 章，具体内容如下：

第一章是绪论。首先，本章概括了本书的研究背景、理论意义和现实意义。其次，阐述了本书的研究思路、研究内容。最后，总结了本书的研究方法和创新点。

第二章是理论基础与文献综述。首先，本章梳理了相关的理论基础，包括内生增长理论、服务经济理论、技术经济范式理论，为构建理论分析框架提供支撑。其次，对数字化的相关研究、服务业生产率的相关研究以及数字化与生产率的相关研究进行了综述。其中，数字化的相关研究主要聚焦于数字化的内涵、测算与经济效应；服务业生产率的相关研究主要围绕服务业生产率的内涵与测算、服务业生产率的影响因素等方面展开；数字化与生产率的相关研究主要着眼于制造业、服务业视角。

第三章是数字化影响服务业生产率的理论分析。本章是本书的核心内容，同时也是研究主题的理论基础。首先，基于数字化、服务业生产率内涵的界定，借鉴 Acemoglu et al.（2018c）的思想，将服务业数字化定义为服务供给自动化、新形式的服务两类形式，同时引入服务业生产函数，以构建数字化影响服务业生产率的一般理论模型。其次，从作用路径、调节作用两方面深入分析了数字化影响服务业生产率的机制。一是从服务业交易成本节约路径、要素配置优化路径、商业模式创新激励路径、专业化分工深化路径等 4 个方面进一步探究数字化影响服务业生产率的具体路径。二是考虑数字化对服务业生产率影响效应可能会受到互补性条件的影响，本章从市场化水平、高技能劳动力两个方面探讨了数字化影响服务业生产率的调节机制。最后，鉴于服务业细分行业的行业属性有所不同，进一步探讨了数字化影响服务业生产率的机制在服务业细分行业中的具体表现。

第四章是数字化与服务业生产率的测算及特征分析——基于上市公司样本数据。首先，基于对服务业数字化水平的测算，本章从时间、空间、企业所有制 3 个维度阐释了我国服务业数字化水平的发展演进特征，并对比分析了不同服务业之间的数字化水平差异。其次，对服务业生产率测算方法进行了梳理与评价，并选择适合本书的测算方法。最后，从时间、空间、企业所有制 3 个维度探讨了我国服务业生产率水平的动态变化规律，并且分析了其行业特征。

第五章是数字化影响服务业生产率的效应检验——基于上市公司样本数据。首先，本章对所采用的计量模型、变量的定义与测算进行了介绍。其次，借助多种计量经济学工具，以 2011—2019 年中国服务业沪深 A 股上市公司数据为研究样本，对数字化影响服务业生产率的效应开展实证检验，并进行了一系列的内生性、稳健性检验。最后，从企业微观特征、服务业行业、地理区位视角探讨了数字化影响服务业生产率的异质性冲击。

第六章是数字化影响服务业生产率的机制检验及拓展性分析——基于上市公司样本数据。首先，借助中介效应模型检验了数字化影响服务业生产率的作用路径。其次，借助引入交互项的固定效应模型检验了数字化影响服务业生产率的调节机制。最后，分别采用非线性回归模型以及均值面板回归模型，对数字化影响服务业生产率的非线性关系以及长期效应进行了拓展性分析。

第七章是研究结论与对策建议。首先，本章对全书结论进行了简要总结与评述。其次，结合本书的研究结论，以及中国服务业的数字化发展特征与服务业生产率水平现状，从多个角度提出通过数字化提升服务业生产率的对策建议。

第四节　研究方法与创新点

一、研究方法

（一）文献分析法

文献分析法主要是指通过全面搜集一定时期内有关文献，并经过分析、归纳、整理，形成对事实科学认识的方法。该方法主要应用于本书第二章的理论基础与文献综述以及第三章中的数字化、服务业生产率概念的界定。基于对相关基础理论的寻根溯源，如内生增长理论、服务经济理论、技术经济范式理论，为本书构建理论框架奠定了基础。同时，在对本书研究主题相关文献的搜集与整理的基础上，分别从数字化的相关研究、服务业生产率的相关研究、数字化与生产率的研究等角度进行梳理与评价，这也为本书的研究提供了方向与切入点。此外，基于对数字化、服务业生产率概念文献的整理，结合本书研究，对其概念进行了界定。

（二）比较分析法

比较分析法是指通过对比两者之间的差异来分析经济活动的方法。该方法主要应用于本书第四章对中国服务业数字化、生产率水平的变化分析，即从时间、空间、企业所有制3个维度比较分析了我国服务业数字化与生产率水平的发展特征，并且对比分析了不同服务业之间的数字化与生产率水平的差异。此外，在第五章的异质性分析中，从企业微观特征、服务业行业、地理区位等角度分析了数字化影响服务业生产率的异质性，从而为制定差异化的政策提供了依据。

（三）归纳演绎法

归纳演绎法是科学研究中常用的逻辑思维方法。该方法贯穿于本书研究的始终。第二章是对已有研究的归纳，并为后续建立数字化影响服务业生产率的理论分析框架奠定了基础；第三章中借助归纳演绎法界定了本书中数字化与服务业生产率的内涵，并且在第二章归纳成果的基础上，第三章对数字化影响服务业生产率的机制进行了推理演绎；第四章中基于对数字化与服务业生产率测算方法的归纳，提出本书的测算方法；第五、第六章则是运用第三章的演绎结果对数字化如何影响服务业生产率开展的实证检验。

（四）数理模型方法

数理模型方法主要是指运用数学公式推演经济现象的过程，属于经济分析的另一种表达方式。该方法主要应用于本书的第三章，即借鉴 Acemoglu et al.（2018c）的思想。本书将服务业数字化的表现形式分为服务供给自动化、新形式的服务两类，同时引入服务业生产函数，利用数理模型推演数字化对服务业生产率的影响。

（五）计量分析方法

计量分析方法是以经济理论为指导，以统计资料为基础，以计量为方法对经济变量之间的关系进行回归估计，最终确定经济变量之间关系的方法。该方法主要应用于第五、第六章。具体来看，主要是基于中国服务业沪深A股上市公司数据，结合固定效应模型、工具变量模型多维度评估数字化对服务业生产率的影响效应，并进行内生性、稳健性检验。同时，采用中介效应模型、引入交互项的固定效应模型进行机制检验。此外，采用非线性模型、面板均值回归模型探讨了数字化影响服务业生产率的非线性特征及长期效应。

二、创新点

第一，研究视角上的创新。本书将数字化纳入服务业生产率的研究框架中，为研究“生产率悖论”提供了一个有益的新视角。在信息技术不断发展与应用的过程中，已有研究更多地关注了区域层面、企业层面的“生产率悖论”。即使有研究关注了数字化与产业层面的生产率，也更多是探讨数字化与制造业生产率之间的关系。虽然有学者认为数字化改变了服务业的部分性质，但是从数字化视角探析服务业生产率变化的研究却相对较少，且缺乏系统深入的研究。服务业已成为中国占比最大的产业，是中国经济转型升级发展的重要引擎。因此，探讨数字化与服务业生产率之间的关系不仅可以丰富“生产率悖论”的相关经验，而且对于实现服务经济时代稳定增长具有重要的意义。

第二，研究内容上的创新。针对相对空缺的理论研究，本书详细剖析了数字化影响服务业生产率的机理，构建了一个较为系统的理论分析框架，打开了数字化影响服务业生产率的“暗箱”。虽然既有文献从服务业转型升级、服务业性质变化、要素配置的角度分析了信息技术对服务业的影响，但是关于信息技术影响服务业生产率的机理比较单一，主要集中于交易成本视角。并且值得指出的是，大数据、云计算、区块链等新一代信息技术是传统信息通信技术的升级。除了可以实现信息传播、互联互通的影响之外，新一代信息技术更凸显数据要素对社会生产生活的影响。因此，已有研究中的理论机制分析并不能清晰反映当前数字化与服务业生产率之间的关系。基于此，首先，借鉴 Acemoglu et al.（2018c）的思想，将服务业数字化定义为服务供给自动化、新形式的服务两类，同时引入服务业生产函数，以构建数字化影响服务业生产率的一般理论模型；其次，从作用路径、调节作用两方面深入分析了数字化影响服务业生产率的机制；最后，鉴于服务业细分行业在行业性质、发展规律、提供的服务产品性质等方面有所不同，进一步探讨数字化影响服务业生产率的机制在服务业细分行业中的具体表现。由此构建了一个较为系统的理论分析框架，从而丰富了现有关于数字化与服务业生产率的理论研究。

第三，量化研究方面的创新。多角度评估了数字化对服务业生产率的影响效应，弥补了当前数字化影响服务业生产率实证研究相对不足的缺陷。一方面，丰富了服务业层面数字化水平的测度。虽然当前全球经济社会生活已经进入了数字化发展的全新时代，但是关于数字化发展水平的测度研究仍处于初始阶段，尤其是产业层面，缺乏全面、系统、准确的量化评价。为了更加科学、客观、准确地量化服务业数字化水平，本书选择 CSMAR 数据库中上市公司数字化数据进行测算。另一方面，多角度评估了数字化对服务业生产率的冲击效应。虽然有部分研究探讨了信息技术对服务业生产率的影响，但是目前仍缺乏直接深入的、系统的检验数字化与服务业生产率关系的研究。本书则在有效测度中国服务业数字化水平与服务业生产率水平的基础上，综合固定效应模型、工具变量模型、中介效应模型等计量模型，从数字化影响服务业生产率的总效应、机制、异质性、非线性及长期效应等多维视角，科学规范地对两者的关系进行了实证检验。这不仅为前文的理论分析提供了经验与实践支撑，而且从量化研究分析的视角丰富了既有研究。

第二章　理论基础与文献综述

本章首先阐释了与本书研究主题相关的主要理论；其次梳理了与数字化、服务业生产率相关的已有研究，以期为后文数字化影响服务业生产率的理论分析框架的构建以及影响机制的具体探讨奠定基础；最后对既有相关研究进行综述，以凸显本书的研究视角与研究贡献。

第一节　理 论 基 础

本书的研究主题是探讨数字化对服务业生产率的影响。一是服务业生产率问题不仅属于服务经济的发展问题，而且属于经济增长问题。加之，数字化是数字技术的应用过程，技术对经济的影响属于内生经济增长问题。二是数字化是应用数字技术的过程，当前经济社会正处于从传统技术经济范式向数字技术经济创新应用推动的数字经济范式转变。因此，本节主要对内生增长理论、服务经济理论、技术经济范式理论等理论进行寻根溯源。

一、内生增长理论

关于经济增长源泉的探讨处于不断发展和完善的过程中，先后经历了古典增长理论、新古典增长理论、内生增长理论等多个时期。20 世纪 60 年代，新古典增长理论与现实经济增长事实出现了偏差，即在新古典增长理论中，外生技术进步的假设已不能合理解释经济的长期增长。对此，80 年代中期以来，经济学家对新古典经济增长理论进行剖析与拓展，继续探究经济长期增长的真正原因。这一时期的研究成果统称为新增长理论，又称为内生增长理论。

学者普遍认为，内生经济增长理论起源于 Arrow（1962）的 *The Economic Implications of Learning by Doing* 一文。在此基础上，Uzawa（1965）进一步构建了一个两部门的最优增长模型，在该模型中，无形的人力资本同物质资本一样都可以被生产出来。在这一阶段，技术进步内生性问题逐渐引起了经济学家的关注，这也为内生增长理论的发展奠定了基础。Romer（1986）的 *Increasing Returns and Long-Run Growth* 和 Lucas（1988）的 *On the Mechanism of Economic Development* 被视为内生增长理论的里程碑式的成果。Romer（1986）基于知识的溢出性特点，分析了人力资本在经济增长中的重要性。随后，Lucas（1988）进行了拓展分析，即构建了一个专业化人力资本积累影响经济增长的理论模型，充分阐释了专业化人力资本在经济长期增长中的积极作用。与新古典增长理论相比，内生增长理论的独特之处在于技术进步内生化处理。

根据已有研究，在探讨技术内生化的过程中切入角度的不同，可以将内生增长理论分为两类思路：一类是以 Romer（1986）为代表的研究，即通过在企业生产过程中纳入研发部门，进而构建产品种类增加型模型来解释技术进步，实现技术进步内生化处理，以此分析其对经济短期以及长期增长的影响。Romer（1990）发现，知识和技术进步具有很强的可复制性，因而伴随着不断积累，知识和技术进步逐渐成为经济持续增长的主要动力。另一类是以 Uzawa（1965）和 Lucas（1988）为代表的研究，即将人力资本纳入生产函数，同时设定人力资本会受到技术和已有人力资本水平的影响，以此考察技术的进步及其对经济增长的影响。这类研究主要认为，人力资本水平在一定程度上代表着劳动者掌握的技术水平，一旦劳动者参与社会生产，其掌握的技术就会有助于提升其产出水平。Lucas（1988）认为，与知识和技术进步相比，人力资本不具有边际报酬递增效应。因而，人力资本很难实现无限制积累，并且会受到社会人口、政策制度、教育水平等因素的制约。

此后，内生增长理论不断深化与发展，表现之一是将研究与发展（R&D）理论和不完全竞争理论纳入到了分析框架。Romer（1990）发现，“干中学”过程不是获取知识或者技术的唯一途径，还表现为在利润最大化原则的驱动下，生产商会通过增加研发投入进行创新，以提高自身竞争力。因此，Romer 将 R&D 活动引入经济增长模型。随之，Aghion et al.（1992）对含有 R&D 活动的经济增长模型进行了拓展，并提出在垄断利润的驱使下，R&D 活动会是技术进步的主要来源之一，这也就实现了在长期内一直存在正的经济增长率。内生增长理论的深化与发展还表现在纳入技术扩散模型。熊彼特在其创新理论中首次提到技术扩散的概念，即技术创新被其他个体模仿、吸收利用。Bernard et al.（1996）指出，相对落后的国家或地区与相对发达的国家或地区间的技术差距越大，其进行技术追赶的速度也就越快。因此，在内生经济增长模型中应该考虑技术扩散的影响。Barro et al.（1995）基于技术扩散效应，构建了领导国和追随国理论模型，发现落后国家可以通过模仿创新实现技术赶超，因此，经济差距有可能会逐渐缩小。这与新古典经济学的条件趋同是相似的。

总而言之，内生经济增长理论的核心特点是认为技术进步是内生的，并且更加重视理论与现实经济增长的关系。因而，该理论在分析各国的实际经济增长中有很大的作用价值。

二、服务经济理论

关于服务经济的发展及其理论的演进，不同学者提出了不同的划分阶段，主要包括质疑服务时期、服务泛化时期、第三产业时期、服务经济时期、产业融合时期等阶段（德劳内等，2011；江小涓等，2014）。

在质疑服务时期，关于服务及服务业的性质与发展存在截然不同的观点。一方面，部分学者认为服务并不会对财富及经济增长产生重要意义。亚当·斯密在《国富论》中明确提出，从财富和资本能否被积累的角度来看，服务属于非生产性经济行为。马克思提出了相似的观点，认为服务并不能创造价值，并且服务业存在“低效率”、不能产生规模经济等问题。另一方面，部分学者肯定了服务的重要作用。萨伊（1997）认为，生产的目的是为了创造效用，因此服务业属于生产性活动，并且鉴于各类经济活动之间具有相互依存性，服务起着至关重要的作用。Storch（1823）认为，虽然服务不会产生国民财富，但是会产生内在收益，而内在收益具有可积累性，从而会对财富及经济增长产生重要意义。

在服务泛在时期，服务以及服务业的重要性得到了广泛肯定。巴斯夏（1995）提出，在资本主义社会，所有的经济行为在一定程度上都等同于服务之间的交换。其具体观点为：一是从服务的根本形式上来看，服务是由劳动构成的，是同样可以创造价值的；二是生产过程都是为了满足人类的需求，因而在经济上具有同样的重要性，而与表现形式为服务还是物质实体无关。Colson（1924）也认为，经济行为活动的本质就是提供服务。

在第三产业时期，主要集中于构建分析框架以及相应的结构性分析。针对三次产业进行分类在一定程度上也说明服务业的发展逐渐在理论方面得到重视。Fisher（1935）指出，第三产业之所以重要，是因为它存在着可能的经济发展驱动力，不过这些驱动力的出现需要政府经济政策的相关支持。Clark（1940）将独立艺术家的小规模生产、建筑、公共设施运输、贸易和其他更多类型的服务业均归为第三产业或者服务业，并指出：服务业生产率和工业生产率之间并不存在系统差距，比如贸易和运输业生产率增长趋势并不慢于制造业。Fourastié（1949）认为，不同产业在规模经济和劳动生产率之间存在差别，并通过判断生产率增长与平均水平之间的关系对三次产业进行区分，其中第三产业属于生产率增长慢于平均水平的产业。

在服务经济时期，形成了服务经济的经典理论，主要包括富克斯的服务经济理论、后工业化理论以及“鲍莫尔病”理论。富克斯（Fuchs）是服务经济理论的重要开拓者，1968 年他在 *The Service Economy* 一书正式详细地研究了服务经济。富克斯不仅明确提出了如何区分服务型社会，而且分析了服务业效率低对产业结构变化与经济增长的影响。20 世纪 70 年代初期，后工业社会理论开始出现，确立了大服务业的概念。Bell（1976）以经济活动人口的分布作为划分发展阶段的主要依据，并认为第三产业就业占比上升的原因不仅在于收入水平的提高，而且在于经济部门之间生产率存在差异。他还强调，工业社会和后工业社会的消费构成和生活方式存在根本上的不同，前者主要以商品数量来界定，后者主要由服务和舒适所计量的生活质量来界定。1967 年 Baumol 提出非均衡增长模型，从一个相对负面的视角看待服务业增长。Baumol 将制造业部门划分为进步部门，将服务业部门划分为非进步部门。其中，非进步部门的劳动生产率基本不变，这主要是由服务生产过程的性质导致的，即服务属于最终产品，采用资本与技术进行生产的机会较小，生产率也就很难提高。但也有学者对该模型提出了质疑（Griliches，1994；Bailey et al.，2016）。

在产业融合时期，江小涓等（2014）认为，产业制造与服务供给的融合现象不仅出现在生产环节中，而且出现在消费过程中。一是生产过程中出现了融合，以信息产业为代表的新技术产业，比如互联网产业、通信产业，不仅会提供产业制造，而且会提供服务；二是企业性质出现了融合，许多企业的生产与经营具有“跨界”特征，从单纯的设备制造商或服务供给商转向制造服务综合供给商，如大型信息技术（IT）企业同时为消费者提供制造产品以及在线服务；三是消费过程出现了融合，关于消费产品的属性已不能采用商品消费或者服务消费类别进行清晰的界定，比如信息产品的消费，二者逐渐融为一体。

三、技术经济范式理论

技术经济范式理论经历了范式（Paradigm）、技术范式（Technology Paradigm）、技术-经济范式（Techno-Economic Paradigm）等发展阶段。其中，技术-经济范式包括信息技术-经济范式和数字技术-经济范式。

范式这一概念最早出现在 1962 年 Thomas Kuhn 所著的 *The Structure of the Scientific Revolutions* 一书中。在该著作中，范式属于哲学范畴，表示在某专业领域中，被一致认同的价值观、技术、信念、分析方法等。20 世纪 80 年代，Dosi（1982）在市场需求拉动创新的基础上，拓展了“范式”的内涵与范围，提出了“技术范式”概念，表示解决技术经济问题的一种“法则”。Dosi（1982）还指出，影响科学发展、经济制度因素和既定技术路径等方面的要素是相互作用、相互影响的，也正是这种相互作用推动了技术范式理论。

技术-经济范式概念是 Perez（1983）对技术范式内涵进行的拓展与延伸。Perez（1983）认为，技术-经济范式表示“生产组织的一种理想形式或最佳技术法则”。新范式的出现意味着新技术的出现，是会对企业、产业、社会等层面产生深远影响，重塑整个经济社会生活系统。Freeman et al.（1988）进一步构建与完善了技术-经济范式基本理论。理论分析框架表明，关键生产要素的变化与升级是产生技术-经济范式的主要原因。伴随着关键生产要素的变革，技术进步的扩散将会引致整个经济体系发生重大调整，比如工业革命的出现。此外，Freeman et al.（1988）还从“1+9”的角度总结分析了技术-经济范式的特征。具体而言，“1”指的是关键生产要素，表示技术-经济范式的核心特征，也是区分技术-经济范式类型的依据。“9”表示的是技术变革对经济系统产生的 9 个变化，包括：①从生产组织来看，企业、产业层面的最优组织形式会发生变化；②从劳动供给来看，会产生新的劳动技能，进而带来收入分配、劳动市场的结构性变化；③从产品来看，伴随新生产要素而来的是新的投资产品，并且其在国民生产总值中的重要性日益凸显；④从创新视角来看，新生产要素的加入会推进突破式创新和渐进性创新的出现；⑤从投资的角度来看，新的投资市场和投资模式逐渐涌现；⑥从技术应用程度来看，新的基础设施投资高潮的出现，促进了新产品、新工艺的普及与应用；⑦从产业部门来看，新创小企业的出现改变了原有产业部门的分类；⑧从企业布局来看，拥有新的关键生产要素的新部门往往集聚在规模较大的企业；⑨从消费角度来看，新的商品服务或消费模式逐渐出现。总的来说，新的技术-经济范式往往意味着，技术革命会对经济社会生活各个领域产生深刻的影响，进而重塑经济发展格局（鄢显俊，2004）。

第三次工业革命以来，信息技术的快速发展与广泛应用，逐渐催生了一种新的技术经济范式——信息技术-经济范式。这一概念最早由 Freeman et al.（1988）提出，主要认为电子计算机和信息通信技术的进步降低了信息技术成本，这也正是技术范式转化的主要源泉。在信息技术-经济范式中，关键生产要素已由电气化升级为芯片，并且电子与信息部门成为经济增长的重要动力。随后，鄢显俊（2004）认为信息技术范式是由信息技术革命引发的新的技术经济范式。其典型的特征是有着升级的关键生产要素和升级的核心技术，即芯片与互联网技术，并对宏微观经济结构与经济运行模式的深层次变革具有重大的推动作用，彰显着信息技术革命对经济的改造作用。Heeks（2008）指出，信息技术范式的特征是以信息、知识资本为主要资本，信息通信技术为主导技术。信息技术会对原有的经济社会等方面产生创造性的影响，从而形成一种新的经济社会形态。许铁旻（2013）发现，信息技术-经济范式具有明显的阶段性特征，支撑环境、政策引导是信息技术范式的重要影响因素。

随着第四次工业革命的到来，大数据、区块链、物联网、云计算等新一代数字技术是在信息通信技术的基础上的进一步发展与升级，并且引领全球经济社会步入了数字经济时代。数字技术在行业中的普及与应用不仅促进了传统产业的不断发展，而且升级了企业业务过程与企业经济管理模式，使得新的技术经济范式即数字技术-经济范式逐渐显现（《中国数字经济发展白皮书（2017 年）》）。张路娜等（2021）认为，数字技术-经济范式这一新的技术经济范式的出现是数字技术快速发展、数字技术与实体经济融合的最终表现形式。王姝楠等（2019）指出，由信息技术和数字技术引起的技术经济范式都可以称为数字技术-经济范式，并从关键生产要素、新一代信息技术的影响、数字基础设施等方面总结了其特征。同时还提出，在接下来的经济发展中，数字技术会是推动经济社会发展的主要源泉，数字经济将从产业转型升级、产业组织模式转变、智能化制造等多方面推动经济社会变革。郝寿义（2020）总结与阐述了数字技术-经济范式的“1+9”特征，并认为大数据、物联网、区块链、云计算、5G、人工智能等新一代信息技术正通过技术-经济范式途径，对经济社会生活各个领域产生着深远甚至颠覆性的影响。由此可见，在以大数据、物联网、区块链、云计算、5G、人工智能等数字技术的不断渗透与融合下，数字技术-经济范式已成为当下经济社会生活变化的主导范式。通过数字化产业的发展，不断升级、改造传统的经济社会形态，推动经济社会呈现出数字化转型的态势。

第二节 数字化的相关研究

数字化发展不仅是一个渐进性的过程，而且是一个数字技术不断自我迭代升级、与传统经济不断融合、数字化程度不断加深的过程。本节首先对数字化的内涵与测算进行梳理，其次从就业、收入、创新、国际贸易等方面梳理数字化的经济效应相关研究。

一、数字化内涵的演进

已有研究中，关于数字化内涵的界定尚未形成一致的结论，对其内涵的理解与界定一直处于不断深化中。本书从以下 3 个阶段对数字化的内涵进行梳理。

一是数据化（Digitization）。这一概念最早出现在 Leibniz 1703 年发表的 *Explanation of Binary Arithmetic* 一文中。后续的部分研究继续沿用了这一概念。即将数字化理解为将模拟信息转换为数字形式的过程，进而实现在计算机中存储、传输，包括图像、视频和文本等形式（Dougherty et al.，2012）。如使用会计信息系统输入、处理和输出财务信息。换言之，数字化是将信息转换为 0 和 1 的二进制数字形式的技术过程（Sebastian et al.，2017）。然而，有些学者认为这一数字化的内涵并不准确，或者称其为最狭窄的数字化内涵。如杨晶等（2020）将这种大量文档转换为 0 和 1 的二进制数字化形式以实现计算机输入、存储和传递的过程定义为电子化。在此阶段，企业的价值创造过程并未发生改变。因此，也有学者将其定义为信息数字化（唐浩丹等，2021）。

二是数字化（Digitalization）。随着计算机、互联网的发展及其在社会生产生活中的广泛应用，逐渐产生了数字化概念。有学者从技术的视角提出，数字化是指数字技术在更广泛的个人、组织和社会环境中应用的过程（Legner et al.，2017）。并且，这一过程是数字技术不断发展与深化、数字技术融合度逐渐增强的一个过程（Ritter et al.，2020）。也有学者从变革视角对数字化的内涵进行界定。此时，数字化不再只是简单的流程或工作产品的数字化。Liu et al.（2019a）认为，数字化不仅可以完善业务流程，而且可以提高客户体验满意度。赵彦云（2020）认为，数字化是数字技术与实体经济不断融合的过程，除了会扩大业务范围、提高绩效，还可以对经济社会生活的各方面产生深远的影响。戚聿东等（2020a）表示，企业数字化是实现数字技术对企业生产、管理和销售等各个环节的渗透与融合，以提高企业竞争力、实现增值的过程。

三是数字化转型（Digital Transformation）。在数字化转型阶段，伴随着大数据、云计算、人工智能、区块链等新一代信息技术对经济社会形态不断产生深远影响，数字化又被赋予了新的内涵。Mergel et al.（2019）指出，数字化转型是数字化的延伸，数字化是一种可持续的企业发展转型与升级的过程，不仅会实现业务流程的升级与优化，而且可以颠覆原有商业模式。Cheng et al.（2021）指出，数字化转型是通过利用其关键要素与技术，推动实体经济实现根本性改进和创新的变革过程。Schwertner（2017）认为，数字化转型是通过数字技术实现企业的组织结构、业务流程模式、产品与服务供给模式等方面的根本性改变与优化的过程。郑磊（2021）认为，城市数字化转型是通过数字要素与数字技术实现城市经济产业、社会生活、政府治理等诸多方面的结构性改变。同时也有学者认为数字化和数字化转型的含义并无差别（Wen et al.，2021）。

二、多维度下的数字化测算

数字化更多的表示为应用数字技术的过程。因此，如何精准测算数字化发展水平具有一定的难度。在已有研究中，基于研究对象的不同，数字化水平的测算方法主要从区域层面、行业层面、微观层面 3 个维度展开。

在区域层面，关于数字化水平的度量主要包括以下几类：一是采用区域层面数字经济指标来表征数字化水平。赵涛等（2020）将互联网发展指标与数字普惠金融指数相结合，利用主成分分析法测算城市数字经济发展水平。向书坚等（2019）参考了经济合作与发展组织（OECD）数字经济研究框架，测算了中国数字促成产业和电子商务产业的增加值。孙早等（2019）分别从软件、智能化设备的投入情况，企业信息资源采集、处理能力，智能制造企业、新产品生产、平台运营和维护情况，以及创新能力和经济效应等方面构建了区域工业智能化水平指标。二是借鉴信息化的相关研究，构建综合评价指标体系测量数字化水平。庞瑞芝等（2021）从数字基础设施、数字化应用、数字产业发展 3 个角度出发选取了 14 个相关指标，构架了数字化水平的评价指标体系。

在行业层面，关于行业数字化的测量主要集中在制造业行业。大部分研究是基于多方面的指标构建综合评价指标体系。万伦等（2020）从价值、能力和要素维度构建制造业数字化转型评估框架，从战略与组织、数字化基础、数字技术应用、业务集成、效能与效益等方面构建制造业数字化转型的评估指标体系。郑琼洁等（2022）通过设计问卷的方式，从企业数字化转型意愿、推进情况、数字化融合驱动因素、数字化融合困难、企业研发等方面测度与分析了江苏省制造业企业数字化转型情况。周慧慧等（2021）在测算制造业数字化转型程度时，更加侧重于数字化过程中数字技术、企业效益、企业创新等维度的变化。

在微观层面，关于数字化水平的度量主要包括以下几类：第一，采用信息化员工、信息系统应用指标。王永进等（2017）通过判断企业信息技术人员的相对数量来表征企业数字化程度。王立彦等（2007）认为，企业数字化进程会随着企业信息化系统建设的完善而不断推进，因而可以采用信息化系统测量数字化水平。沈国兵等（2020）通过企业拥有邮箱、新浪微博和企业主页的情况来测量企业互联网化水平。第二，采用企业数字技术相关资产指标。李坤望等（2015）通过量化企业 IT 投资、电信支出、与数字化相关的无形资产情况表征企业信息化水平。王宇等（2020）利用与企业 IT 投资相关的无形资产和固定资产之和占总资产的比例来刻画企业的 IT 投资水平。第三，文本分析法。刘飞（2020）利用 Python 软件，基于上市公司年报，从数字技术、商业模式和数字化相关信息 3 个方面抓取与企业数字化相关的信息，以此测算企业的数字化水平。赵宸宇等（2021）基于对上市公司年报信息的分析，构建了数字化转型变量。其中，除了考虑众多学者使用的数字技术、商业模式等方面信息，更加侧重于智能制造和现代信息系统等方面的信息。袁淳等（2021）基于机器学习的文本分析法构建企业数字化术语词典，进而通过构建相关词汇频数之和与年报中管理层讨论与分析（MD&A）部分语段长度之比来测算企业数字化发展水平。

三、数字化的经济效应

作为互联网技术的产物，数字化给社会经济、生产方式和生活方式带来了巨大变革。本部分主要从就业、收入、创新、国际贸易等方面梳理数字化的经济效应相关研究。

（一）数字化与就业

直接探讨数字化对就业作用的研究较少，大部分文献从信息通信技术（ICT）、互联网或人工智能等某一特定领域开展研究。这部分文献将其视为一种通用技术，而技术进步是否会加剧失业是一个长期存在的具有争议的话题。

一部分学者认为 ICT、互联网或人工智能（AI）会对就业产生不利影响。主要观点为，高技能劳动力在认识能力、知识储备等方面具有鲜明优势，智能化的主要特征是机器换人，这会增加对高技能劳动力的需求，进而对从事简单性、重复性工作的中低技能劳动力的替代效应凸显（Acemoglu et al.，2018b；陈彦斌等，2019）。此外，伴随着物联网、大数据、人工智能等新一代信息技术，机器学习和深度学习方法不断深化。因此，人工智能逐渐表现出对非重复性工作的胜任，导致一些技能门槛较高的岗位，比如教育、医疗、金融等领域的岗位，逐渐遭到智能化的冲击（Frey et al.，2017；王文，2020）。

另外一部分学者持相反的意见，主要是认为智能化除了通过实现部分机械化、自动化产生劳动力替代效应之外，还会通过自动化的深化、资本的积累产生增加就业岗位的效应（Brynjolfsson et al.，2018；何宗樾等，2020）。并且由于产业规模效应的存在，增加劳动力岗位的效应大于劳动力替代效应（李磊等，2021）。因此，大部分学者认为，在未来的一段时间内，智能化的发展并不会对劳动力就业总量产生负向影响，并且会对就业结构以及就业质量产生积极的影响（Autor et al.，2018；戚聿东等，2020b）。王文（2020）还发现，工业智能化的发展会使得制造业中的岗位需求呈现下降趋势，服务业中的岗位需求呈现上升趋势，尤其是技术和知识密集型的服务业中的岗位需求，优化了行业的就业机构，推动了高质量就业的发展。

（二）数字化与收入

目前，已有研究关于数字化的收入分配效应主要集中在地区差距、城乡差距和性别差距3个方面。

第一，地区收入差距。大部分学者认为，新一代信息技术会扩大地区收入差距。一方面，互联网对经济增长以及地区收入的积极影响具有区域差异性，即更偏向于拥有技术密集型产业的东南沿海等经济发达地区（邱泽奇等，2016），因此，互联网的普及扩大了地区收入差距。另一方面，互联网、人工智能等新一代信息技术的应用会通过改变不同技能劳动者的需求与报酬而加剧收入不平等。新一代信息技术的发展增加了对高技能劳动者的需求，降低了对低技能劳动者的需求，进而会扩大地区收入差距（Acemoglu et al.，2018b；郭凯明等，2021）。然而也有学者持相反的观点。胡浩然等（2020）通过实证检验发现，在中西部地区及低经济发展水平地区，互联网对产业集聚、创新水平的增强效应已经显现，这有利于降低工资差距。此外，李雅楠等（2017）指出，互联网普及率的提高、互联网使用收益率的下降均显著缩小了地区工资收入差距。

第二，城乡收入差距。新一代信息技术对城乡收入差距的影响效应具有不确定性。①扩大效应。贺娅萍等（2019）发现，城乡间互联网普及率的较大差异会加剧城乡收入差距。刘欢（2020）探讨发现，工业智能化会对农业转移劳动力的收入产生消极影响，这反而会加剧城乡收入差距。②缩小效应。一方面，信息技术的应用可以降低交易成本，使得农户做出最优生产决策成为可能，有助于实现农业利润最大化（Nakasone et al.，2014）；另一方面，信息技术可以提高农民的非农收入，包括财产性收入（刘航等，2019）、创业收入（刘晓倩等，2018）。这均有利于提高农村地区的收入，缩小城乡收入差距。③非线性影响。程名望等（2019）指出，虽然我国目前处于互联网可以显著缩小城乡收入差距的阶段，但是互联网与城乡收入差距之间并不是简单的线性关系，而是呈现先扩大后缩小的倒U形曲线关系。

第三，性别收入差异。目前关于信息技术如何影响性别收入差异的研究相对较少，且研究结论尚不一致。①毛宇飞等（2018）基于工资溢价的视角发现，互联网的发展仅对男性收入有积极影响，因而不利于缩小性别之间的收入差距。②新一代信息技术对教育培训的积极影响更多地体现在女性方面，有助于夯实女性人力资本水平，提高其收入待遇，缩小其与男性之间的收入差距（Pedulla et al.，2019）。戚聿东等（2020c）也发现，数字经济背景下互联网的发展与普及不仅会对女性就业技能产生积极影响，而且随之而来的新兴职业也为女性创业提供了平台，这均会对女性的收入水平产生正向影响。

（三）数字化与创新

新一代信息技术的快速发展与广泛应用，优化了要素的流通与配置，这为企业、区域的创新发展提供了新的视角。目前，已有研究中，数字化对创新的影响效应主要集中于理论研究，实证研究相对较少。

从技术创新视角来看，较多文献肯定了信息化、数字化、数字经济等对技术创新的积极作用（OECD，2014；张昕蔚，2019），并且其作用大小会受到企业类型、区域的影响（石军伟等，2021）。此外，温珺等（2019）发现，数字化发展会对创新产生积极的影响，尤其是发明创新，这在一定程度上也说明数字化发展可以真正地推动创新。部分学者持有不同的观点，韩先锋等（2014）认为，虽然总体上信息化对工业部门技术创新有明显的促进作用，但信息化与技术创新效率之间存在倒U形关系，并会受到行业性质的影响。

从商业模式创新视角来看，数字技术的影响引起了学者的关注。一方面，新一代数字技术颠覆了企业原有的生产组织方式，有益于商业模式的创新，比如电子商务、共享经济的出现（Autio et al.，2018；王伟玲等，2019）。Pee（2016）研究发现，B2C类的电子商务平台使得消费者参与企业生产过程成为可能，这不仅推动了企业做出正确的生产决策，而且为企业进一步开发新产品奠定了基础。另一方面，互联网的发展使得交易场所、时间、产品不再受限，而且缩短了交易的过程，驱动了新商业模式的发展（罗珉等，2015）。此外，也有学者指出，网络经济和大数据时代，技术创新、内容创新和商业模式创新几乎不可分离（江小涓，2018）。

（四）数字化与国际贸易

随着互联网、人工智能、云计算、区块链、大数据等数字技术的快速发展与应用，国际贸易作为国民经济中重要的活动，也正经历着数字化的深刻变革。因而，互联网或信息技术对国际贸易的影响已逐渐成为学术界的热点话题。

一方面，数字技术与国际贸易的融合发展逐渐衍生出了数字贸易。数字贸易是指以信息网络和数字技术为支撑，以数字订购或数字交互方式为主要表现形式，存在于跨境、研发、生产、交易、消费等活动中的贸易，不仅包括货物贸易，而且包括服务贸易和跨境数据流动贸易（马述忠等，2020；贾怀勤等，2021）。在数字化时代，数字贸易作为国际贸易的重要组成部分，在各国经济中的占比逐渐增大及重要性逐渐凸显。然而，目前缺乏适用于数字贸易的统一国际规则，并且现存的贸易框架对数字贸易问题的规定也并不一致。因而，当前多边数字贸易框架是世贸组织（WTO）亟须解决的难题（熊鸿儒等，2021）。当前，数字贸易已经展现出旺盛的生命力，其平台化、集约化、普惠化、个性化的本质属性对全面开放新格局的形成有着不容忽视的作用。正如马述忠等（2018）指出的，数字贸易从对外贸易的组织形态、贸易政策的制订弹性、全球网络的辐射能力、竞争优势等各个方面均有利于实现中国贸易强国的宏伟目标，形成全面开放的新格局。

另一方面，已有研究探讨了互联网或信息与通信技术（ICT）等数字技术对贸易的影响效应。无论是企业层面还是国家层面，大量研究支持了数字技术有助于提高进出口贸易规模的结论（Abeliansky et al.，2017；岳云嵩等，2018；范鑫，2020）。并且，相对于发达国家而言，互联网发展对发展中国家的出口贸易具有更加显著的积极效应（Meijers，2014）。其中，影响机制分析多集中在贸易成本角度。具体而言，ICT、互联网等数字技术具有不受时空限制、互联共享、低复制成本等特征，这使得其在贸易中的应用不仅能够降低贸易过程中推荐新产品及开拓新市场的成本，而且能够有效克服贸易中的信息壁垒（孙浦阳等，2017；Gnangnon et al.，2018）。此外，卓乘风等（2019）发现，得益于互联网对资源配置效率的有效优化，中国制造业出口技术水平不断提高，有利于提高中国制造业在国际贸易中的竞争力。

第三节　服务业生产率的相关研究

在上节梳理与综述数字化的相关研究之后，本节则聚焦于服务业生产率的内涵与测算、服务业生产率的影响因素两个视角，对服务业生产率的相关研究进行梳理与总结。

一、服务业生产率的内涵与测算

关于服务业生产率，主要包含单要素生产率、全要素生产率两个层面。其中，单要素生产率主要指劳动生产率。基于不同的视角，全要素生产率可分为 TFPQ 与 TFPR、全要素生产率与绿色全要素生产率两类。

（一）生产率的内涵

“生产率”一词首次出现在 1766 年法国经济学家魁奈的《关于手工业劳动》一文中。在阐释手工业劳动和工人薪酬的关系时，他指出：“艺术家和工业者的劳动报酬愈高，那么这种劳动的生产率愈大。”在阐释机器的发明和应用对财富生产的影响时指出：“印刷术的发明，引起了关于作家劳动生产率降低的异常严重的议论。”显然，这里出现的“生产率”是劳动生产率的内涵，但是魁奈并没有正式对这一概念进行界定。Tinbergen（1942）明确提出了全要素生产率的概念，但在这个概念中，投入要素只包括劳动力要素与资本要素。随后，学者进一步完善了生产率的内涵。比如 Kendrick et al. （1965）认为，生产率是衡量投入一定的人力资源与非人力资源所能产生多少的产品与服务，即生产率表示产出与所有投入的比值。总而言之，在西方经济学早期思想中，“生产率”和“劳动生产率”是同一个概念，并没有明确区分。在后续研究中，学者才逐渐对二者进行了区分。

（二）服务业劳动生产率

在《资本论（第一卷）》中，马克思将劳动生产率定义为“一个单位时间内所能创造的商品数量”或者“一定时间内一个劳动者所能创造的商品数量”。实际上，马克思在给出这两种定义时是以社会必要劳动时间决定商品价格为前提的，即商品价格不会因企业劳动生产率的变化而变化。换言之，假定市场价格不变，企业“在一个单位时间内所能创造的商品数量”和“在一定时间内一个劳动者所能创造的商品数量”增加，也就能提高“单位劳动小时的产出”和在一定时间内“每个就业者的产出”，其中产出等于商品产量与商品价格之积。在 OECD 的统计指标体系里，同样是把“劳动生产率”定义为“每个工作小时的产出”或“每个就业者的产出”。在现代经济统计资料中，就业人口数、工作小时数、产出（GDP）等数据都是易于统计的，因此劳动生产率指标得到了广泛使用❶。

在服务业行业生产率的研究中，国外学者较多采用的是劳动生产率（Broadberry et al.，2005；Peters et al.，2018），主要认为，全要素生产率是劳动生产率的决定因素之

---

❶ OECD. Labour productivity indicators [DB/OL]. http://www.oecd.org/employment/labour-stats/41354425.pdf, 2008-07/2014-06-06.

一，劳动生产率的高低已经反映了全要素生产率的高低（Triplett et al.，2003）。国内学者在全要素生产率数据的可得性不佳的情况下，才会选用劳动生产率指标（孙浦阳等，2013；王燕武等，2019）。在具体测算中，企业层面的生产率主要选择平均每位员工销售收入作为代理变量（张龙鹏等，2020）。区域层面的生产率选择服务业增加值与服务业从业人数之比作为衡量变量（伏开宝等，2021）。

（三）服务业全要素生产率

1. TFPQ 与 TFPR

全要素生产率（TFP）通常表示为产量与生产投入要素数量的比值。根据产量数据的选取，可以将全要素生产率分为物质生产率 TFPQ（Physical Total Factor Productivity）与收益生产率 TFPR（Revenue Total Factor Productivity）。其中，TFPQ 采用的是实际的产量，TFPR 采用的是收益，即产量与售价的乘积再除以行业产品价格指数。进一步而言，TFPQ 可以认为是采用产量与售价的乘积再除以售价作为分子。因此，TFPQ 与 TFPR 的差别就在于是除以实际价格还是行业价格。这一差异主要是伴随着行业内利润再分配、企业周转及其对行业生产率的研究而被发现的（Hopenhayn et al.，1993；Melitz，2003；李子秦，2019）。

已有研究中，首先是一些学者注意到收益衡量的产出与真实生产率存在区别。Abbott（1992）发现，美国制造业中存在着相同产品收取不同价格的情形，这会导致以行业价格平减指数来衡量企业产出以及行业产出时会出现偏差，进而导致生产函数和生产率的计算偏误。Melitz（2000）发现，将行业价格平减后的收益作为产出的替代变量，进而测算生产率会导致生产率出现虚假的顺周期性特点。

随后，Foster et al.（2008）首次提出 TFPQ 与 TFPR 的概念。Foster et al.（2008）认为，在企业进入退出如何影响生产率的研究中，关于生产率本身的作用以及企业产品需求侧对企业生存的影响均出现了不同程度的估计偏误。因此，Foster et al.（2008）提出分别探讨企业生产率、市场需求对企业生存的影响，即在这一过程中将 TFP 区分为 TFPQ 与 TFPR，并且实证检验了 TFPQ 与 TFPR 的存在及差异。TFPQ 与 TFPR 概念提出以后，得到了很多学者的认同与应用。比如，Hsieh et al.（2009）在研究要素错配的过程中，沿用了 TFPQ 与 TFPR 的概念和框架，通过 TFPQ 与 TFPR 之间的区别与联系来判断要素错配的情况，从而建立了测算要素错配的模型。Foster et al.（2016）将 TFPQ 与 TFPR 的区别与联系应用到需求侧对生产率与企业生存关系的研究中。然而，就生产率计算本身而言，鉴于数据的有限性、方法的局限性，目前尚未形成成熟和被广泛接受的方式来处理 TFPR 与 TFPQ 之间的偏差。已有研究中更多的是重新认识 TFP 以及分别列出 TFPQ 与 TFPR 估计结果等情形（De Loecker et al.，2016；Bloom et al.，2018）。

2. 服务业全要素生产率与服务业绿色全要素生产率

服务业全要素生产率指的是服务业行业中资本、劳动力等各个要素的综合生产率。换言之，与服务业劳动生产率相比，服务业全要素生产率考虑了更为全面的要素投入产出效率。鉴于企业层面、区域层面的实物产出与投入数据获取难度较大，所以大多数研究者会以实际收益替代产出来计算全要素生产率。相较而言，国内学者更倾向于采用全要素生产率来计算服务业生产率，以分析中国服务业发展水平（陈明等，2018；胡宗彪等，2020）。关于服务业全要素生产率的测算主要包括 DEA-Malmquist 指数等非参数法，索洛剩余法和 SFA 等参数法和 OP 法、LP 法等半参数法（Olley et al.，1996；Levinsohn et al.，2003；邢宏洋等，2021）。

在传统的全要素生产率测算方法中，产出往往只包括 GDP 等积极的产出，而忽略了污染物的产出。在可持续发展与高质量发展背景下，传统的测算方法已不能满足需求。并且也有学者认为不考虑环境因素测算的全要素生产率是不准确的（Nanere et al.，2007；王兵等，2010）。Chung et al.（1997）提出的基于方向性距离函数的 ML 指数为测算绿色全要素生产率奠定了基础。在此指数基础上，学者们在测算经济增长体系中纳入了环境污染因素，重新测算了可持续发展背景下的全要素生产率水平（Hoang et al.，2011；杜龙政等，2019），但是关于如何处理污染产出以及选择哪个效率测度模型，不同的学者具有不同的看法（滕泽伟，2020）。王恕立等（2015a）在考虑环境因素的前提下，重新测算了服务业全要素生产率，发现原有的测算方法高估了服务业全要素生产率的增长速度及其对服务业增长的贡献率。也有一些研究表明，在纳入环境污染等因素后服务业生产率并不显著低于工业。例如，庞瑞芝等（2014）发现，将能耗、污染与碳排放纳入生产率测算框架后，服务业生产率要高于工业生产率。此外，也有学者考虑了低碳化的影响，如王许亮等（2020）测算了中国服务业的碳生产率，发现呈上升态势，但存在明显的区域与部门异质性。

二、服务业生产率的影响因素

本部分将服务业生产率的影响因素划分为两类：一类是企业自身能够改变的因素，即内部影响因素，主要包括服务业开放、人力资本水平、服务业创新等方面。另一类是企业自身不能改变的因素，即外部影响因素，主要包括外商直接投资、信息技术水平、城市化水平、市场化水平等方面。

（一）内部影响因素

从服务业开放方面来看，已有研究中，关于服务业开放对其生产率有着积极作用的结论较为一致。一是专业化分工深化效应。服务业开放为服务要素的有效、自由流动提供了可能，有助于推动进口国和出口国的服务业专业化分工深化，这会对服务业生产率产生积极影响（Miroudot，2006）。二是示范竞争效应。Keller（2002）指出，高水平服务技术的引进以及具有先进技术外国企业的进入，一方面，在技术溢出效应的推动下，有助于促进国内外企业之间的技术交流，提升企业生产率；另一方面，会加剧本地市场的竞争，倒逼本地企业学习先进技术，提高自身竞争力。三是服务业结构优化效应。服务业开放水平的提高有助于促进我国服务业向产业链高端迈进，有效优化服务业结构，提升服务业生产率（伏开宝等，2021）。也有学者认为，在服务业生产率的不同阶段，服务业开放的作用机制不同。当一国服务业生产率较低时，主要通过示范、学习、竞争和技术溢出等效应提升服务业生产率（Hoekman et al.，2015；李眺，2016）；当一国服务业生产率较高时，主要通过逆向技术溢出等效应提升服务业生产率（陈明等，2018）。

从人力资本水平方面来看，其对服务业生产率的影响较早地引起了学者的关注与研究。比如，早在 1968 年富克斯（Fuchs）认为，服务业人力资本增长较慢是导致服务业生产率增速缓慢的主要原因。一方面，人力资本水平越高，劳动力素质较高，对全要素生产率的进步越有利（顾乃华等，2006）；另一方面，人力资本水平越高，服务业企业的技术创新、商业模式创新以及企业管理效率水平越高，越有利于提高生产率（伏开宝等，2021）。同时，也有学者指出，不同教育水平的人力资源对服务业生产率的影响是不同的，甚至是相反的，因而不能简单地判断人力资本的平均水平对服务业生产率的影响（杨青青等，2009）。

从服务业创新方面来看，随着服务经济的发展，服务业创新对其生产率的作用备受关注。研究发现，一方面，自主研发能力的增强可以直接提升服务业生产率（许和连等，2016；Peters et al.，2018）；另一方面，服务业创新可以通过优化资源配置、降低生产成本等途径间接提高服务业生产率（Amable et al.，2016；Baumann et al.，2016）。随着信息化的不断发展，服务业商业模式创新逐渐显现。新的商业模式不仅可以实现企业精准把握消费者偏好，提高服务供给与需求的匹配度，而且能够预判企业经营风险和发展方向，均有利于提升服务业生产率（He et al.，2019）。

（二）外部影响因素

从外商直接投资（FDI）方面来看，随着服务业行业中外商直接投资越来越多，其对服务业生产率的影响逐渐成为学术热点。结构主义理论表明，服务业 FDI 的引入会通过服务产品的资本、劳动力等生产要素的优化配置提升生产效率（Markusen et al.，2005；王恕立等，2015b）。具体而言，伴随着服务业 FDI 而来的是先进技术及管理经验，这有利于重新配置资本、劳动力等生产要素，进而提升生产率。当然，服务业 FDI 对服务业生产率的影响会因服务业 FDI 的类型、服务业行业的性质、区域的不同而不同（王恕立等，2017；韩沈超等，2020）。

从信息技术水平方面来看，已有研究基本认同信息技术的广泛应用是影响服务业生产率的重要因素之一。Triplett et al.（2003）实证验证了信息技术资本投资会对服务业生产率产生积极的影响。Wong et al.（2015）、Peters et al.（2018）认为，互联网平台的兴起与成熟能够实现服务在更大范围内的供给，有利于提高服务匹配效率与供给效率。徐鑫等（2014）、江小涓等（2019）主要从理论的视角，探讨了信息技术对服务业性质、转型升级发展、服务供需匹配的影响，发现信息技术正逐渐改变原有关于服务业生产率低的假说。张龙鹏等（2020）从服务业自身特点的变化以及不同的劳动力两个视角，分析了信息技术的应用会对服务业生产率产生积极影响。然而也有学者提出，信息技术对服务业生产率的积极作用具有很大的滞后性，需要数年乃至数十年才可以显现（Quinn et al.，1994）。

从城市化水平方面来看，由于服务产品的特性、服务业发展的基础与规律，城市中的服务业占比更高，因此城市化水平及其基础设施水平会对服务业生产率产生影响。王耀中等（2011）认为，城市化水平的提高可以显著提升服务业生产率，其中的影响机制主要在于城市化水平与技术创新、技术模仿、技术扩散呈正相关关系，这在一定程度上可以提高服务业的技术进步。关于交通基础设施对服务业生产率影响的观点较为一致，均认为交通基础设施的完善对服务业生产率有着积极影响（Carteni et al.，2017；Donaldson，

2018)。吴昌南等（2014）研究发现，高速公路收费不合理导致高速公路密度越大反而会越降低我国服务业生产效率。曹跃群等（2021）实证检验发现，交通基础设施资本投入能够显著促进服务业生产率提升，但是具有区域差异性与交通基础设施差异性。

从市场化水平方面来看，市场化水平对服务业生产率有着不可忽视的影响。

在服务业发展的过程中，市场体制的建立与改革，一方面为服务业规模的扩大提供了有利的外部环境，另一方面为服务业生产效率的提升提供了有力保障（杨廷干等，2017；曹跃群等，2021)。这主要是因为，一方面，市场化水平的提高说明政府行政干预减少，产品市场与要素市场更加成熟，因此可以实现快速、有效地配置资源，迫使资源从生产率低的服务行业流向生产率高的服务行业，提高服务业整体生产率（蒲阿丽等，2019)；另一方面，市场化水平越高，越有利于降低服务业中的交易费用，降低生产成本，从而对我国服务业生产率产生积极影响（李眺，2016)。

第四节　数字化与生产率的相关研究

长期以来，信息技术与生产率的关系得到了学者的广泛关注。自 1987 年索洛提出著名的“信息技术生产率悖论”以来，有关信息技术如何影响生产率一直是学术讨论的热点。紧扣本书的研究主题，本节主要从制造业、服务业两个角度对数字化与生产率的相关研究进行综述。

一、数字化与制造业生产率

已有研究基本肯定了互联网、ICT 以及新一代信息技术对制造业生产率的积极影响，但也有部分研究认为，在制造业中信息技术生产率效应的发挥需要满足一些互补条件，否则会出现“生产率悖论”。

已有研究中关于新一代信息技术对制造业生产率的影响机制主要包括要素资源配置、降低交易成本、技术进步等视角。比如，潘毛毛等（2020)、李治国等（2021）认为，数字经济的发展以网络化的流通渠道为依托，一方面，融合与升级了劳动力、资本等传统要素，优化了要素结构；另一方面，为要素的流动与重新配置提供了新的载体，有助于优化要素资源配置，提升了制造业生产率。黄群慧等（2019）发现，互联网技术的发展与应用可以通过缓解市场中信息不对称来降低交易成本，进而提升制造业生产率。余东华等（2018b）认为，互联网提高了知识的可获取性，不仅可以缩小我国不同地区之间的技术差距，而且可以缩小我国与发达国家之间的技术差距，有利于提升我国技术的整体水平，进而提高制造业生产率。李廉水等（2020）将制造业全要素生产率分为技术进步和技术效率两个层面，认为智能化不仅为企业学习先进技术提供了平台与支撑，而且有助于提升企业的单要素生产率和管理效率，进而提高企业技术效率。

从实证方面来看，研究结果大多支持了上述理论推断，Graetz et al.（2015）检验得出，工业机器人的应用可以显著提高制造业劳动生产率和全要素生产率。李丫丫等（2017）实证检验发现，进口工业机器人会对中国制造业生产率产生显著的积极影响，主要是因为进口工业机器人不仅可以增强制造业中现有机器设备的生产能力，而且进口工业机器人所承载的先进技术会产生溢出效应，可以提高制造企业的创新能力，这均有利于制造业生产率的提升。卢福财等（2019）指出，互联网可以显著提升制造业劳动生产率，并且金融危机后，互联网的提升效应更加明显。但也有学者指出，信息技术对制造业生产率的影响具有区域与行业异质性。王娟（2016）指出，“互联网+”可以显著提高中国制造企业的劳动生产率，但是分地区来看，这一作用在东部地区更加显著；分行业来看，这一作用在劳动密集型的制造业中并未显现。孙早等（2021）认为，现阶段在纺织服装和通用设备等传统制造业中，人工智能显著提高了生产率，然而这一结论在医药制造、计算机和仪器仪表制造等高端制造业中并不成立。

与此同时，部分学者发现在制造业中信息通信技术对生产率并没有显著的正向影响，甚至还会产生“生产性悖论”现象。Cardona et al.（2013）基于印度制造业企业的样本研究发现，信息通信技术的广泛应用只是提高了企业的技术效率，而对企业生产率并未产生显著的积极影响，即在制造业企业层面存在“生产性悖论”。余东华等（2021）将互联网应用产生的生产率效应分为创新效应与替代效应，检验发现当创新效应比替代效应更明显时，互联网可以提升制造业全要素生产率；而当替代效应比创新效应更明显时，则会出现“生产性悖论”现象。

也有学者指出，信息技术的应用需要互补性投资的相匹配，这样才会充分发挥信息技术对制造业生产率的提升效应，比如企业基础设施的建设、组织变革、人力资本和管理实践（Brynjolfsson et al.，2002）。Bartel et al.（2007）指出，在阀门生产企业中，要想充分发挥 IT 增强型设备对企业生产率的积极影响，需要相应的经营策略，以及高技能工人和人力资源管理实践等要素的相匹配。Akerman et al.（2015）也提出，在企业进行信息化发展的同时，重视无形资本投资、组织变革、协同创新投资、人力资本投资和管理实践变革等方面的企业往往有着更高的生产率回报。Acemoglu et al.（2018a）认为，人工智能技术的应用需要以制造业企业自身生产资源、发展能力为基础，盲目地应用人工智能技术反而会降低企业的生产要素配置水平，对企业生产率产生消极的影响。郑琼洁等（2021）发现，我国制造业企业存在过度应用人工智能技术的情况，这类企业的人力资本、基础设施等生产资源暂时不能支撑人工智能技术的应用，继而无法实现生产要素的优化配置，充分发挥人工智能技术对生产率的积极影响。

二、数字化与服务业生产率

数字化进程的加快使数字化对服务业生产率的影响逐渐成为研究的新焦点。然而与制造业相比，关于数字化是否会影响服务业生产率以及如何影响尚未得到学者足够的关注。无论是在理论机制阐释方面的研究，还是在实证检验方面的研究，均比较匮乏。

从理论方面来看，已有研究主要从服务业性质变化、交易成本等角度阐释互联网、ICT 以及新一代信息技术对服务业生产率的影响机制。例如，沈俊杰（2015）认为，信息技术的发展与应用赋予了服务可分割、可储存、可贸易等新的特点，实现了服务供给与需求相分离，这有利于降低服务供给的成本，提高其生产率。江小涓等（2019）认为，信息技术的发展与应用使得传统服务业的效率逐渐提高，这不仅体现在可以在更大范围内提供服务，使得规模经济开始显现，而且还体现在劳动力和劳务服务可以分离，赋予了服务业可贸易的性质，提高了服务供需匹配效率，比如教育、医疗、金融等行业。卢福财等

（2018）认为，在互联网时代，互联网技术的发展与应用减少了服务供给与需求之间“面对面”的要求，这在一定程度上降低了企业提供服务的成本，进而会扩大企业服务供给规模，提升服务业企业生产率。Pisano et al.（2015）、Peters et al.（2018）认为，信息技术的发展与应用提高了服务供需匹配的速度与精准性，这会大大提升供给效率，供给效率的提高则会提升整个服务业的生产率。

从实证方面来看，信息技术进步对服务业生产率的直接促进作用得到了验证（Hempell，2005；Inklaar et al.，2008）。张龙鹏等（2020）以2012年世界银行公布的中国企业调查数据为样本，实证检验了信息技术应用对服务业生产率有着积极影响，并且这一效应在生产性服务业中更加显著。从细分行业来看，部分学者较早地关注了信息技术与互联网对金融业的影响。Sato et al.（2001）认为，基于互联网应用的数据智能管理技术可以提高金融业服务的供给质量，进而提升其生产率。Srivastava（2014）基于印度、中国和巴西等发展中国家的样本数据检验发现，互联网技术的应用减少了金融行业中的交易成本，显著提高了金融业的生产率。沈悦等（2015）认为，互联网金融的发展显著提升了商业银行的全要素生产率，这主要得益于互联网金融通过示范与竞争产生了技术溢出效应。

然而，有学者指出，虽然信息技术对服务业生产率有着积极的影响，但是这种积极效应需要数年乃至数十年才能显现（Quinn et al.，1994）。也有学者指出，若技术应用部门的能力不足，技术进步的出现会对技术应用部门提出新的挑战，反而会对生产率产生消极影响，这在服务业中表现得尤为显著（Broadberry et al.，2005）。

第五节 研究述评

本书从国内外文献出发，对数字化的相关研究、服务业生产率的相关研究、数字化与生产率的相关研究进行了梳理与总结。根据本书的文献整理，不难发现，现有研究已从不同的视角对数字化的经济效应，包括经济就业、收入、创新、国际贸易等方面，服务业生产率的影响因素以及数字化与生产率的关系等进行了广泛的探讨。并且，随着物联网、大数据、云计算、人工智能、区块链等新一代信息技术对经济社会形态产生深刻的改变，已有学者开始注意到数字化对服务业生产率的影响。这些研究成果为本书的研究奠定了坚实的理论基础，也为本书的研究方法、研究思路提供了新的思路。然而，现有研究也存在着一定的局限性。

其一，从研究视角上来看，关于信息技术与产业层面的生产率研究，更多的关注数字化与制造业生产率，而将数字化与服务业生产率纳入统一分析框架的研究相对较少。服务业的增加值占比位居三大产业之首，服务业已成为中国经济转型升级发展的重要引擎。然而，理论与经验证实，以服务业为主的产业结构在一定程度上会降低经济增长速度。目前，中国处于数字化时代与服务经济时代的“双时代”。数字化场景已出现在经济社会生活的各个领域，数字化成为经济发展的新方向。新冠疫情的突发进一步推动了中国数字化进程，也为服务业的发展提供了新契机。在数字化时代背景下，服务业生产率能否提升以缓解“鲍莫尔病”、打破结构性减速魔咒？这是一个值得深思与探讨的话题。然而，与之形成鲜明对比的是，关于数字化对服务业生产率的影响研究却相对较少。

其二，从理论方面来看，依然缺乏数字化影响服务业生产率具体机制的系统且深入的分析。现有研究较少真正打开数字化影响服务业生产率的“暗箱”。一方面，目前大多数的研究主要集中于定性探讨互联网、信息技术对服务业性质的改变。另一方面，虽然有关信息技术、互联网与服务业生产率的研究中涉及信息技术影响服务业生产率的机理，但是主要集中于交易成本的视角。并且值得指出的是，大数据、云计算、区块链等新一代信息技术是传统信息通信技术的升级。除了可以实现信息传播、互联互通之外，新一代信息技术更凸显数据要素对社会生产生活的影响。因此，已有研究中的理论机制分析并不能清晰反映当前以大数据、云计算、物联网为核心的新一轮数字化与服务业生产率之间的关系。基于此，本书以数字化如何影响服务业生产率为核心问题，首先，构建数理模型从总体上判断数字化对服务业生产率的影响效应；其次，从交易成本节约路径、要素配置优化路径、商业模式创新激励路径、专业化分工深化路径等4个方面进一步探究数字化影响服务业生产率的路径；再次，从市场化、高技能劳动力两个方面讨论数字化影响服务业生产率的调节机制；最后，探讨了数字化影响服务业生产率的机制在服务业细分行业中的具体表现。由此构建了一个较为系统的理论分析框架，从而丰富了现有关于数字化影响服务业生产率的理论研究。

其三，从实证方面来看，关于数字化与服务业生产率关系的量化分析研究仍然较为匮乏。虽然有部分研究实证检验了信息技术应用对服务业生产率的影响，但是以新一代数字技术为支撑的数字化会对经济社会生活的影响更为复杂和全面，其所产生的影响也更为突出，这也就使得原有研究的数据缺乏足够的说服力。因此，目前仍然缺乏直接深入的、系统的探究数字化与服务业生产率关系的实证研究。本书则直接聚焦于数字化如何影响服务业生产率这一话题，在阐释理论机制的前提下，基于2011—2019年中国服务业沪深A股上市公司数据，借助多种计量经济学模型，针对数字化对服务业生产率的影响效应及机制进行了实证研究。此外，从企业微观特征、服务业行业、地理区位等层面探析了其异质性冲击。进一步拓展性地探讨了数字化对服务业生产率的影响效应是否具有非线性特征，以及数字化影响服务业生产率的效应与机制在长期中是否依然存在。这一系列的实证研究，从视角、内容、实证等方面丰富与深化了现有关于数字化与服务业生产率关系的量化研究。

第三章 数字化影响服务业生产率的理论分析

基于已有研究，本章首先界定了数字化与服务业生产率的概念；其次将数字化引入服务业企业生产函数构建数理模型，从总体上判断服务业的数字化发展对其生产率的影响效应；再次从交易成本、要素配置、服务业创新、专业化分工 4 个方面探究了数字化影响服务业生产率的作用路径；从次，从市场化、高技能劳动力两个角度探讨了数字化影响服务业生产率的调节机制；最后，考虑到服务业细分行业的运行规律、需求层次等方面具有差异，本章进一步讨论了数字化影响服务业生产率的机制在细分行业中的具体表现。

第一节 相关概念界定

随着数字化时代的到来，关于数字化、数字化转型、数字经济的研究成为学术探讨的热点。然而，关于数字化内涵的界定却存在着模糊不清的现象。因此，本节首先界定了数字化与服务业生产率的内涵，以为后文的分析奠定理论基础。

一、数字化的内涵

在国外研究中，"Digitization""Digitalization" 表示数字技术发展与应用的不同阶段。然而，在国内的研究中，通常将这两个词均翻译为"数字化"，因此"数字化"一词的内涵比较模糊。Verhoef et al.（2021）将数字化转型划分为 Digitization、Digitalization 和 Digital Transformation 3 个阶段。其中，第一阶段 Digitization 实际上表示的是信息的电子化，具体而言，是将信息转换成计算机能够识别的语言，从而完成在计算机内存储、处理和传输。在这一阶段中，企业的价值创造过程并未发生改变。第二阶段 Digitalization 表示数字化。在这一阶段中，企业通过信息技术，不断完善和优化企业的业务流程，降低企业内外部交易成本，提升企业的组织效率，从而创造出额外的客户价值。第三阶段 Digital Transformation 表示数字化转型。在这一阶段中，数字技术重构与升级了企业的业务逻辑过程和价值创造过程，比如商业模式的变革，即第三阶段不再简单的是第二阶段中业务的数字化，而是第二阶段的深化与发展。换言之，从广义上来讲，数字化转型阶段仍属于数字技术的应用阶段，只不过与第二阶段相比，数字技术的融合度与渗透度更加深远。

基于此，结合已有研究，本书中的数字化表示的是广义的数字化，即包含 Verhoef et al.（2021）所提出的第二阶段、第三阶段。简言之，数字化表示数字技术在各个部门应用的过程。具体而言，将数字化定义为"以数据为关键要素，在人工智能、区块链、云计算、大数据等数字技术的支撑与引领下，通过数字技术与实体经济相融合，实现经济社会各部门的升级、重构与转型的过程”。从数字化的主体来看，不仅包括企业的数字化、产业的数字化，而且包括国家层面的数字化。需要进一步指出的是，本书中数字化特指服务业的数字化，即通过数字技术与服务业各个行业相融合、渗透，实现服务业升级、重构与转型的过程。

二、服务业生产率的内涵

服务业生产率包含两个层面的含义。一是单要素生产率，多指劳动生产率。表示一单位劳动力要素所能创造的服务。该指标多出现在国外相关研究中，主要认为全要素生产率是劳动生产率的决定因素之一，因而劳动生产率包含了全要素生产率水平（Triplett et al.，2003）。在国内研究中，一般在测算服务业全要素生产率的数据不可得的情况下，选用劳动生产率代替全要素生产率。二是全要素生产率，衡量的是全部投入要素的服务产出效率，表征的是企业总体技术水平。根据计算时选用的数据不同，全要素生产率可以分为物质生产率 TFPQ（Physical Total Factor Productivity）与收益生产率 TFPR（Revenue Total Factor Productivity）。其中，物质生产率 TFPQ 是以产量与生产中投入的生产要素数量之比表示，而收益生产率 TFPR 是以产值与生产中投入的生产要素数量之比表示，产值等于产量与售价的乘积除以一个行业产品价格指数。可见，二者的差距仅在于分子的差异。鉴于统计资料中，就业人口数、工作小时数、产出等数据比产量数据更易获得，因此大多数研究采用收益生产率 TFPR 的概念。

基于此，结合已有研究，本书中服务业生产率指的是服务业全要素生产率。此外，考虑到数据的可得性以及实证的可行性，本书中的服务业全要素生产率表示服务业收益生产率 TFPR。

第二节　数字化影响服务业生产率的理论模型

基于前文对数字化、服务业生产率内涵的界定，本节构建数字化影响服务业生产率的理论模型，从整体上对数字化影响服务业生产率的效应做出判断，以为后文的影响机制探讨奠定基础。

一、代表性企业生产行为

本部分借鉴 Acemoglu et al.（2018c）的模型思想，将服务业实现数字化的表现形式分为两类。一是实现服务供给自动化，比如智能快递车、自动贩卖机、无人超市；二是新形式服务的出现，不仅包括新业态、新模式带来的新形式服务，而且包括原有服务形式的升级，比如在线教育、在线问诊、互联网金融、直播购物等。在此基础上，将服务业数字化的两种形式同时纳入服务业企业的生产函数，进而构建如下理论模型来研究数字化影响服务业生产率的总效应。

（一）基本假设

1）存在服务产品市场、其他投入品市场两个市场，均属于完全竞争市场。

2）服务产品的生产（供给）可以视为是由一系列不同类型任务构成的。比如，餐馆就餐服务的完成需要迎宾员提供服务、点菜员提供服务、厨师提供服务、传菜员提供服务、收银员提供服务等。

3）任务是由劳动力、其他投入品 $q(i)$ 生产的。其他投入品 $q(i)$ 是由劳动力要素生产的，或者是由资本（自动化技术）要素生产的。

4）均衡时，所有市场出清。

（二）生产函数

服务产品的生产函数为

$$Y=\tilde{B}\left(\int_{N-1}^{N}y(i)^{\frac{\sigma-1}{\sigma}}\mathrm{d}i\right)^{\frac{\sigma}{\sigma-1}} \tag{3-1}$$

式中：$\tilde{B}>0$，$y(i)$ 表示不同任务 i 的生产函数；σ 表示不同任务之间的替代弹性；N 表示新形式服务的数量。因为新形式的服务不仅包括新业态、新模式带来的新形式服务，而且包括原有服务形式的升级，所以新形式的服务可以取代或升级原有形式的服务。

在服务业中，劳动力是主要的生产要素，所以设定 $y(i)$ 是由劳动力、其他投入品 $q(i)$ 生产的。其他投入品 $q(i)$ 有可能是由劳动力要素生产的，也有可能是由资本（自动化技术）要素生产的。换言之，并不是所有的服务产品均可实现自动化供给，比如点菜员提供的服务是可以被自助下单替代的，实现自动化供给，而高级厨师炒菜无法自动化供给，仍需要劳动力要素提供。即服务产品供给自动化的实现存在一个约束条件：存在一个 I，$I\in[N-1,1]$，当且仅当 $i\leqslant I$ 时，服务产品才能实现自动化供给；相反，当 $i>I$ 时，服务产品无法实现自动化供给，则 $y(i)$ 的生产函数表示为

$$y(i)=\begin{cases}\tilde{B}(\zeta)\left[\eta^{\frac{1}{\zeta}}q(i)^{\frac{\zeta-1}{\zeta}}+(1-\eta)^{\frac{1}{\zeta}}(r(i)l(i))^{\frac{\zeta-1}{\zeta}}\right]^{\frac{\zeta}{\zeta-1}} & i>I\\ \tilde{B}(\zeta)\left[\eta^{\frac{1}{\zeta}}q(i)^{\frac{\zeta-1}{\zeta}}+(1-\eta)^{\frac{1}{\zeta}}(k(i)+r(i)l(i))^{\frac{\zeta-1}{\zeta}}\right]^{\frac{\zeta}{\zeta-1}} & i\leqslant I\end{cases} \tag{3-2}$$

式中：$r(i)$ 表示任务 i 的劳动生产率，是严格单调递增的；$\zeta\in(0,\infty)$ 表示其他投入品和劳动力的替代弹性；$l(i)$ 表示任务 i 的劳动力函数；$k(i)$ 表示任务 i 的资本函数；$\eta\in(0,1)$ 表示 CES 生产函数（固定替代弹性生产函数）的份额参数。当 $\zeta=1$ 时，$\tilde{B}(\zeta)=\psi^{\eta}(1-\eta)^{\eta-1}\eta^{-\eta}$，否则 $\tilde{B}(\zeta)=1$，其中 ψ 表示其他投入品 $q(i)$ 的价格。

二、消费者行为假定

消费者既是服务的生产者，又是服务的消费者。换言之，消费者既要作为劳动力要素参加服务的生产过程，又要作为服务需求者进行消费。因此，本书构建新古典模型中的经典效用函数。即代表性消费者的效用函数为

$$u(C,\ L)=\frac{(C\mathrm{e}^{-v(L)})^{1-\theta}-1}{1-\theta} \tag{3-3}$$

式中：C 表示消费；L 表示劳动力供给；$v(L)$ 表示劳动力供给的效用成本；θ 表示相对风险规避系数。进一步来说，假设 $v(L)$ 是连续可微的、递增的和凸的，即满足：$v''(L)+(\theta-1)(v'(L)^2/\theta)>0$。

三、模型均衡结果

（一）求解价格公式

在完全竞争市场中，服务产品的价格是与服务产品的边际生产成本相等的。当 $i>I$ 时，$y(i)$ 的生产要素只包括劳动力，此时劳动力的单位成本为 $W/r(i)$；当 $i\leqslant I$ 时，$y(i)$ 是由劳动力和资本要素共同生产的，此时二者属于相互替代的生产要素，则服务产品的单位成本取决于资本租金率与劳动力要素成本的最小值，即价格公式如下：

$$p(i)=\begin{cases}\left(\dfrac{W}{r(i)}\right)^{1-\eta} & i>I\\ \min\left\{R,\ \dfrac{W}{r(i)}\right\}^{1-\eta} & i\leqslant I\end{cases} \tag{3-4}$$

式中：W 表示工资率；R 表示资本租金率。

鉴于劳动生产率是满足严格单调递增的条件，则高技术劳动力的比较优势随之凸显。换言之，价格公式意味着，存在一个 $\tilde{I}$ 使得 $W/R=\tilde{I}$，即此时采用资本要素生产服务产品与采用劳动力要素生产服务产品的成本是相同的。当 $i<\tilde{I}$ 时，$R<W/r(i)$，此时服务产品都是由资本要素生产；当 $\tilde{I}>I$ 时，由于存在可用资本（自动化技术）要素的限制，企业无法实现一直由资本要素供给服务。这表明存在一个唯一均衡，即 $I^*=\min\{I,\tilde{I}\}$，使得 $i<I^*$ 时服务产品均由资本要素生产，$i>I^*$ 时服务产品均由劳动力要素生产。

最后，将最终呈现的服务产品作为计价商品，公式如下：

$$y(i)=\tilde{B}^{\sigma-1}Yp(i)^{-\sigma} \tag{3-5}$$

（二）求解总产出函数

根据式（3-3）~式（3-5）以及假设 $\eta\rightarrow0$，$\zeta=1$，求得资本、劳动力需求函数：

$$k(i)=\begin{cases}0 & i>I^*\\ B^{\hat{\sigma}-1}(1-\eta)YR^{-\hat{\sigma}} & i\leqslant I^*\end{cases} \tag{3-6}$$

$$l(i)=\begin{cases}B^{\hat{\sigma}-1}(1-\eta)Y\dfrac{1}{r(i)}\left(\dfrac{W}{r(i)}\right)^{-\hat{\sigma}} & i>I^*\\ 0 & i\leqslant I^*\end{cases} \tag{3-7}$$

式中：$\hat{\sigma}=\sigma(1-\eta)+\zeta\eta$；$B=\tilde{B}^{\frac{\sigma-1}{\hat{\sigma}-1}}$。

则均衡时，资本和劳动力市场出清：

$$B^{\hat{\sigma}-1}(1-\eta)Y(I^*-N+1)R^{-\hat{\sigma}}=K \tag{3-8}$$

$$B^{\hat{\sigma}-1}(1-\eta)Y\int_{I^*}^{N}\frac{1}{r(i)}\left(\frac{W}{r(i)}\right)^{-\hat{\sigma}}\mathrm{d}i=L \tag{3-9}$$

要素价格满足：

$$(I^*-N+1)R^{-\hat{\sigma}}+\int_{I^*}^{N}\left(\frac{W}{r(i)}\right)^{-\hat{\sigma}}\mathrm{d}i=B^{1-\hat{\sigma}} \tag{3-10}$$

劳动力供给满足：$v'(L)=\dfrac{W}{C}$

$$L = L^s\left(\frac{W}{RK}\right) \tag{3-11}$$

总产出函数为

$$Y = \frac{B}{1-\eta}\left[(I^* - N + 1)^{\frac{1}{\hat{\sigma}}} K^{\frac{\hat{\sigma}-1}{\hat{\sigma}}} + \left(\int_{I^*}^{N} r(i)^{\hat{\sigma}-1} \mathrm{d}i\right)^{\frac{1}{\hat{\sigma}}} L^{\frac{\hat{\sigma}-1}{\hat{\sigma}}}\right]^{\frac{\hat{\sigma}}{\hat{\sigma}-1}} \tag{3-12}$$

此时，将 K，L 的表达式，即式（3-8）和式（3-9）代入式（3-12）得

$$Y = \frac{B}{1-\eta}\left[\begin{array}{l}(I^* - N + 1)^{\frac{1}{\hat{\sigma}}}\left(B^{\hat{\sigma}-1}(1-\eta)Y(I^* - N + 1)R^{-\hat{\sigma}}\right)^{\frac{\hat{\sigma}-1}{\hat{\sigma}}} + \\ \left(\int_{I^*}^{N} r(i)^{\hat{\sigma}-1}\mathrm{d}i\right)^{\frac{1}{\hat{\sigma}}}\left(B^{\hat{\sigma}-1}(1-\eta)Y\int_{I^*}^{N}\frac{1}{r(i)}\left(\frac{W}{r(i)}\right)^{-\hat{\sigma}}\mathrm{d}i\right)^{\frac{\hat{\sigma}-1}{\hat{\sigma}}}\end{array}\right]^{\frac{\hat{\sigma}}{\hat{\sigma}-1}} \tag{3-13}$$

（三）求总产出函数的全微分方程

在技术约束和 $I^* = I$ 的条件下，对式（3-13）中的 I 和 N 求导数，得全微分方程为

$$\begin{aligned}\mathrm{dln}Y = &\frac{B}{(1-\eta)Y}\left[\frac{(1-\eta)Y}{B}\right]^{\frac{1}{\hat{\sigma}}}\frac{1}{\hat{\sigma}-1}\left(\left(\frac{I^* - N + 1}{K}\right)^{\frac{1-\hat{\sigma}}{\hat{\sigma}}} - r(I)^{\hat{\sigma}-1}\left(\frac{\int_{I^*}^{N} r(i)^{\hat{\sigma}-1}\mathrm{d}i}{L}\right)^{\frac{1-\hat{\sigma}}{\hat{\sigma}}}\right)\mathrm{d}I + \\ &\frac{B}{(1-\eta)Y}\left[\frac{(1-\eta)Y}{B}\right]^{\frac{1}{\hat{\sigma}}}\frac{1}{\hat{\sigma}-1}\left(r(N)^{\hat{\sigma}-1}\left(\frac{\int_{I^*}^{N} r(i)^{\hat{\sigma}-1}\mathrm{d}i}{L}\right)^{\frac{1-\hat{\sigma}}{\hat{\sigma}}} - \left(\frac{I^* - N + 1}{K}\right)^{\frac{1-\hat{\sigma}}{\hat{\sigma}}}\right)\mathrm{d}N\end{aligned} \tag{3-14}$$

$$\begin{aligned}\mathrm{dln}Y = &\frac{B}{(1-\eta)Y}\left[\frac{(1-\eta)Y}{B}\right]^{\frac{1}{\hat{\sigma}}}\frac{1}{\hat{\sigma}-1}\left(\left(\frac{B^{\hat{\sigma}-1}R^{\hat{\sigma}}}{(1-\eta)Y}\right)^{\frac{1-\hat{\sigma}}{\hat{\sigma}}} - r(I)^{\hat{\sigma}-1}\left(\frac{B^{\hat{\sigma}-1}W^{\hat{\sigma}}}{(1-\eta)Y}\right)^{\frac{1-\hat{\sigma}}{\hat{\sigma}}}\right)\mathrm{d}I + \\ &\frac{B}{(1-\eta)Y}\left[\frac{(1-\eta)Y}{B}\right]^{\frac{1}{\hat{\sigma}}}\frac{1}{\hat{\sigma}-1}\left(r(N)^{\hat{\sigma}-1}\left(\frac{B^{\hat{\sigma}-1}W^{\hat{\sigma}}}{(1-\eta)Y}\right)^{\frac{1-\hat{\sigma}}{\hat{\sigma}}} - \left(\frac{B^{\hat{\sigma}-1}R^{\hat{\sigma}}}{(1-\eta)Y}\right)^{\frac{1-\hat{\sigma}}{\hat{\sigma}}}\right)\mathrm{d}N\end{aligned} \tag{3-15}$$

最后，整理得

$$\mathrm{dln}Y = \frac{B^{\hat{\sigma}-1}}{1-\hat{\sigma}}\left(\left(\frac{W}{r(I^*)}\right)^{1-\hat{\sigma}} - R^{1-\hat{\sigma}}\right)\mathrm{d}I + \frac{B^{\hat{\sigma}-1}}{1-\hat{\sigma}}\left(R^{1-\hat{\sigma}} - \left(\frac{W}{r(N)}\right)^{1-\hat{\sigma}}\right)\mathrm{d}N \tag{3-16}$$

$$\frac{\partial \mathrm{ln}Y}{\partial I} = \frac{B^{\hat{\sigma}-1}}{1-\hat{\sigma}}\left(\left(\frac{W}{r(I^*)}\right)^{1-\hat{\sigma}} - R^{1-\hat{\sigma}}\right) \tag{3-17}$$

$$\frac{\partial \mathrm{ln}Y}{\partial N} = \frac{B^{\hat{\sigma}-1}}{1-\hat{\sigma}}\left(R^{1-\hat{\sigma}} - \left(\frac{W}{r(N)}\right)^{1-\hat{\sigma}}\right) \tag{3-18}$$

显然，式（3-17）、式（3-18）的结果均为正。由此提出本书的观点：无论服务业实现数字化发展表现为实现服务供给自动化，还是表现为创造出新形式的服务，均可提升服务业生产率。

第三节　数字化影响服务业生产率的机制分析

上一节将服务业的数字化发展分为服务供给自动化、新形式服务两种形式同时纳入服务业企业生产函数构建理论模型，推导得出服务业的数字化发展可以提升其生产率。本节将从服务业数字化的两种类型出发，探讨数字化影响服务业生产率的具体机制，包括作用路径与调节机制。其中，服务供给自动化提升服务业生产率的作用路径主要包括交易成本节约路径、要素配置优化路径；新形式服务提升服务业生产率的作用路径主要包括商业模式创新激励路径、专业化分工深化路径；调节机制主要包括市场化与高技能劳动力两方面。

一、交易成本节约路径

交易成本（Transaction Cost）又称为交易费用。科斯认为，交易成本是“通过价格机制组织生产的成本”“市场上发生的每一笔交易的谈判和签约的费用”以及利用价格机制产生的其他方面的成本。交易成本概念的界定处于不断泛化与拓展的过程，因而关于交易成本的具体内容也是处于不断发展的过程。基于 Goldfarb et al. （2019） 的数字经济收益分析框架，本部分将从搜寻成本、复制成本、运输成本、追踪成本和验证成本 5 个维度阐释数字化如何通过降低交易成本来提升服务业生产率（图 3-1）。

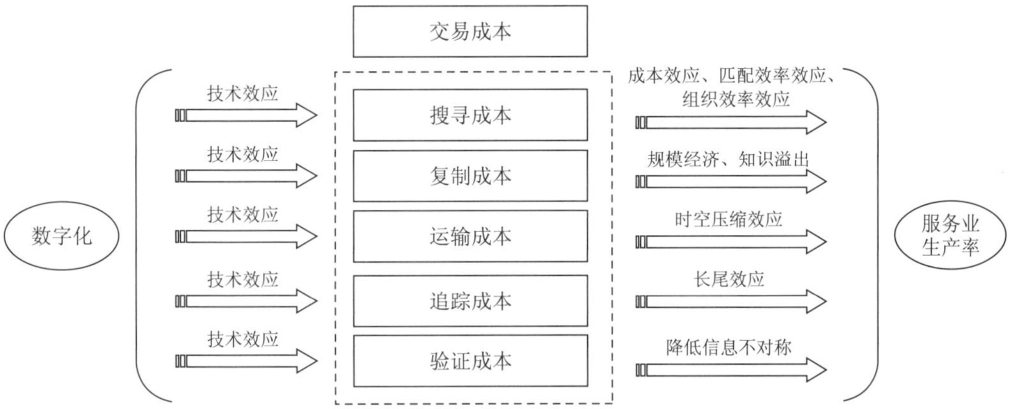

图 3-1　交易成本节约路径图

（一）搜寻成本

服务业中的搜寻成本主要指服务供给与需求匹配成功的过程中产生的成本。搜寻成本的存在，一方面是因为服务的需求量与供给量庞大；另一方面是因为服务的需求与供给具有很大的差异性。因而，搜寻成本的大小代表着服务供给与需求匹配的效率。数字技术可以将经济活动以数据的形式进行存储与传输，并且大数据分析方法可以实现精准的查找目标信息。因此，数字化的技术效应降低了搜寻成本。一方面，利用数字技术实现信息的完整、快速传递，帮助消费者实现低成本、高精准的寻找交易方。比如，在数字技术尚未普及之前，若消费者想购买演唱会的门票，就需要到各个指定的院线排队购买，极大地浪费了消费者的时间。然而，在数字化时代下，各个电子商务平台的发展，有助于消费者轻而易举地了解到自己想购买门票的信息，从而在信息搜寻环节上降低了成本。另一方面，更为重要的是，数字化背景下的匹配算法能够高效整合经济活动中的数据，实现需求双方之间的匹配。比如，电子商务平台通过匹配算法进行精准推荐，为服务需求方搜寻到最佳的服务供给方，提高服务交易的成功率。最典型的如滴滴出行平台使用算法匹配司机和乘客的效率远远高于司机和乘客自由匹配的效率（Liu et al.，2019b）。此外，在匹配算法基础上，数字平台还可以通过调节价格实现交易双方搜寻成本的最小化。如滴滴出行平台在早晚高峰时段会提高打车价格，从而向司机发出可以进入市场的信号，并筛选出最具有打车需求的乘客，实现了交易双方供给需求的平衡。

搜寻成本降低主要通过成本效应、匹配效率效应、组织效率效应等来提升服务业生产率。一是成本效应。服务的特性决定企业在进行生产时，需要首先确定目标顾客、了解顾客需求、预测市场规模。因此搜寻成本是服务业中重要的成本之一。搜寻成本的下降会降低服务供给的成本，有利于提升生产率。二是匹配效率效应。搜寻成本的降低提高了服务需求者与供给者之间的匹配效率，促使交易的达成，带动了多边平台经济的发展。其中典型的是共享经济模式的发展，不仅盘活了闲置资源、降低了再生产的成本，而且提升了服务效率。三是组织效率效应。在数字化时代，伴随着用户价值主导下企业目标发生转变，原有的垂直化结构的企业组织模式已不再适应资源配置的要求，组织管理结构也需要做出相应的优化与升级，这会推动企业提升管理效率，进而提高生产率（戚聿东等，2020e）。

（二）复制成本

服务业中的复制成本主要指在交易过程中多提供一单位服务的成本。数字化主要通过技术效应影响复制成本。网络的本质是为了实现在多个节点之间实现顺畅传输信息制定的多个协议，而信息复制就是在节点之间完成无失真、有效的传输。数字技术改变了传统的时空概念，增强了收集、存储、处理信息的能力。数字化时代下，数据要素是核心要素，这使得一切经济活动进行数据化、复制与传输成为可能。数字技术具有低成本获取信息以及有效、快速传播信息的特征。因此，数字化背景下的复制成本大大降低。比如，在办公软件、社交平台等中，复制、传播的相关文件与信息的边际成本十分小。

数字化使得大量高效的信息实现低成本的传输和复制，推动了信息的聚合、储存与选择，优化了各种资源配置。一方面复制成本降低有利于实现服务业的规模经济。虽然某些网络服务具有高初始成本的特征，但是数字化降低了复制成本，也就降低了边际成本，尤其是可复制的文化类、信息类服务（江小涓等，2019）。比如，一堂网络课程的制作成本并不会因为是一个学生听还是万亿个学生听而发生很大的变化，即增加受众学生的边际成本极低。这使得服务业逐渐具有规模经济的特点，进而提升其生产率。另一方面复制成本的降低可以增加知识或经验公共品的供给，知识溢出效应显著。数字化使经济活动及知识以数据的形式进行存储与传播成为可能，复制成本的降低更加有利于共享，增强了知识溢出效应，带动了服务业生产率的提升。

（三）运输成本

服务业中的运输成本更多地体现在交通运输、仓储和邮政行业。然而在数字化时代下，数据成为重要的生产要素，数字商品逐渐显现。数字化对运输成本的影响不仅体现在实物商品方面，也体现在数字商品方面。从实物商品的运输成本来看，数字化从根本上改变了物流管理、物流服务的运行逻辑，降低了运输成本。基于对云计算、大数据、区块链等新一代数字技术的应用，服务供给方将货物、运输工具、仓储地等信息进行数字化存储。这便利了相关物流人员对货物运输流程与位置等信息的掌握，实现每一单业务的业务流、信息流、资金流、票据流、货物轨迹流“五流合一”，避免了不必要的运输成本。从数字商品来看，运输成本主要指信息运输与传递的成本。数字技术具有跨时空信息传播的本质特征。因此，数字商品的分销成本、近距和远距通信的成本差异接近于零。换言之，数字商品的出现并未增加服务业整体的运输成本。

服务业运输成本的降低主要通过时空压缩效应影响服务业生产率。在服务业中，劳动力是主要的生产要素。因此，在很多提供服务的过程中，会有“同时同地”要求的限制，比如艺术表演、家政服务、教育等一致认为是生产率较低的服务业。在数字化时代，数据要素加入了原有生产要素的行列。数据要素的出现改变了服务业的部分传统性质，极大地提高了其生产率。首先，数据要素的出现消除了服务过程“同时同地”的限制。数字技术的发展使得数据信息得以跨时空传递，改变了传统的服务供给模式，使原本难以供给的服务在更大的空间得以实现，比如 C2C、P2C 等新的消费形式。其次，数字技术对传统时空限制的改变也赋予了服务可存储性与跨区域供给的特征，实现了服务供给与需求相分离。换言之，数字化实现了相同生产要素可以带来更多服务，并且这种服务可跨区域供给，有利于提高服务业生产率。

（四）追踪成本

服务业中的追踪成本主要指服务供给方对服务消费者特征持续掌握过程中付出的成本。需求的差异性也是服务业的典型特征。消费者对服务的多元异质性需求主要源于：一是服务会因服务主体的不同而不同。二是同一种服务也会因服务场景以及消费者主观感受的不同而产生差异。对于服务供给方而言，若想生产符合市场需求的服务产品，需要全方位了解服务需求方的购买信息，包括服务需求者的购买频率、预期价格、偏好、习惯等信息。在数字化时代之前，服务供给方一般很难精准掌握消费者的个性化需求，或者即使通过调研可以了解到，但是信息的准确性较低、时效性较强。在数字化时代，数字技术降低了服务业企业的追踪成本。一方面，大数据的应用使消费者行为被数据化成为可能，实现了数字技术对消费者行为特征的收集更加全面、准确、及时；另一方面，大数据挖掘与分析技术可以精准分析出消费者的偏好与真实需求，实现企业对市场需求的精准把控，从而帮助企业提供更符合消费者需求的服务。

追踪成本的降低主要通过长尾效应来提高服务业生产率。在数字化时代，数字技术的出现使得原本无法实现的交易得以实现，成功地将消费者的异质性偏好显性化，个性化服务需求的增加会形成集聚效应，使服务业的长尾效应特征逐渐凸显。具体而言，“小众”需求汇聚而成的市场需求并不低于“热销”需求汇聚而成的市场需求。比如，文创联名、国潮文化、盲盒经济等。长尾效应的出现增加了消费者剩余，提高了消费者福利，推动了服务业生产率的提升（Brynjolfsson et al.，2003）。

（五）验证成本

服务业中的验证成本主要指服务供给者为实现所提供服务质量可追溯、获得消费者信任的成本。数字化主要是通过建立与完善反馈机制降低服务业中的验证成本。对于交易商品来说，反应产品质量信号的渠道有很多，比如价格、保修、退换货、质量检验等。然而反映服务质量的渠道却鲜有，一般情况下，在服务过程结束之前很难判断服务的质量。这主要是因为服务具有“人对人”、过程性、专业性等特点（江小涓，2017）。数字化的发展为服务质量建立反馈机制提供了可能。数字技术以大量可得的数据为依据，将反映质量的信息进行整合汇聚，然后形成反馈系统，如众多电子商务网站提供了客户评论、信誉评价体系，为消费者选择更合适的服务提供了依据。此外，大数据能提供更多的质量信号，可以避免“柠檬市场”的出现。在二手车市场上，购买者很难清楚地了解到二手车的真实车况，如维修情况、交通违规情况、保险费用情况，易出现逆向选择。然而，数字技术的出现很容易将这些个性化的信息收集起来，帮助购买者相对客观准确地评估车况。

验证成本的降低有助于解决服务供给过程中的信息不对称问题，从而有利于提升其生产率。与其他商品不同的是，“服务”往往具有过程性特征。换言之，随着商品被生产出来，制造业的生产总值会增加。然而，随着服务被“生产”出来，服务业的生产总值并不会增加。只有与之相匹配的需求者出现并达成交易时，服务业的生产总值才会产生。在这一过程中，通常会存在信息不对称，而验证成本的降低可以很好地解决这一问题，从而提高交易效率。交易效率的提升有助于促进服务业生产率的提高。

二、要素配置优化路径

数字化对要素配置的优化效应主要表现在两个方面。一是数据要素成为重要的生产要素，丰富了生产要素；二是数字化升级与重构了资本、劳动力要素配置。数据的高渗透性使得其能够与传统生产要素相融合，实现了生产要素的复杂化、高级化，从而提高了整体要素配置水平。要素的优化配置不仅会直接提升服务业生产率，而且还会通过企业创新、企业进入退出行为等途径提升服务业生产率（图 3-2）。

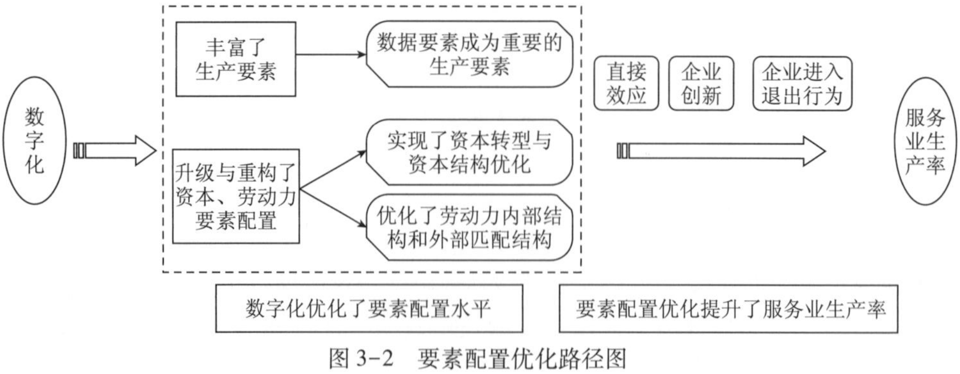

图 3-2　要素配置优化路径图

（一）数据要素成为重要的生产要素

在增长理论中，生产要素主要包括资本、劳动力、土地等传统要素。在数字化时代，大数据、云计算、人工智能等新一代信息技术的广泛应用逐渐凸出了数据要素的独特性。数据要素属于知识性要素的具体形态，因而能够作为独立的生产要素进入国民经济活动的各个环节，这使得数据要素成为新一轮产业革命中的重要生产要素以及战略性生产资源（郭美晨，2017）。党的十九届四中全会明确提出“健全劳动、资本、土地、知识、技术、管理、数据等生产要素由市场评价贡献、按贡献决定报酬的机制”。至此，数据要素成为新的关键生产要素，纳入了经济增长核算的框架。

随着数字技术的应用与发展，数据呈现出爆发式增长趋势。数据已经渗透到社会生产生活的各方各面，提升了价值创造。一是数据成为企业生产经营的重要驱动力；二是数据带来了服务贸易的新内容；三是为社会全面治理提供了新手段。更重要的是，与其他传统生产要素相比，数据要素具有可共享、零边际成本、可复制等特点，不仅实现了数据资源的无限供给，为持续的经济增长提供了可能，而且实现了社会生产生活活动主体之间的信息交流。一方面，数据要素具有高渗透性、高协同性、零运输成本的特征，在数字技术的支撑下能够实现快速、有效的匹配；另一方面，数据要素以数字技术、数字基础设施为依托，并通过工具创新和要素融合，实现了信息的有效流动。

（二）数字化升级与重构了资本、劳动力要素配置

数字技术的性质决定了数据并非仅仅是独立的生产要素。在数据要素与传统要素融合的过程中，数据要素的独特性升级与改善了传统生产要素，优化了要素配置。数据要素的融合性和渗透性使其能够与传统生产要素相互作用、相互补充。一方面，数据推动了资本、劳动力等原有生产要素在不同企业、产业、地区之间的流动；另一方面，数据要素实现了资本、劳动力等传统生产要素的深刻变革与优化重组，进而对经济社会发挥叠加与倍增效应。比如，数据要素对传统生产要素的渗透与融合，催生出“新技术”“新资本”“新劳动力”“新土地”等一类生产要素。此外，数字化具有高渗透性的独特特征，数字技术实现了资本、劳动力等要素流通状态的实时记录与监测，有利于实现要素信息的可掌握性，实现生产要素的精准匹配与合理流动。

从资本要素来看，数字化不仅实现了资本转型，而且优化了资本结构。一是数字技术的发展带动了一批高科技、高附加值的技术密集型服务业的发展。同时，数据要素的渗透也有利于实现传统服务业的转型与升级。产业结构的优化会引导资本转型，实现资本逐渐流向技术密集型为导向的服务业部门。二是在数字化时代，与新一代信息技术相关的投资与生产经营活动成为企业的重要部分。为了更好地适应及应用数字技术，企业会加大研发投入力度，从而扩大了高附加值资本规模，优化了资本结构。此外，数字技术可以实时监控资金流向及使用情况，减少了信息不对称的情形，有助于提高投资效率与资本收益率。

从劳动力要素来看，数字化优化了劳动力内部结构和外部匹配结构。一方面，数字技术的发展与应用压缩了时空距离，实现了知识的储存、跨时间与区间供给，比如网络课堂。这有助于劳动者以较低的成本、随时随地获取新知识，提高自身技能，以适应数字技术在生产生活中的应用，实现人力资本价值。另一方面，数字化改变了企业生产、管理、营销组织模式，促进了组织扁平化发展，也使得产业分工更加细化与深化。随着数字化的发展，新业态、新产业以及新商业模式不断出现，也会带来众多新岗位、新职业。这有助

于劳动者在各个服务业细分行业之间的分布不断演化，最终呈现出行业之间的劳动力结构随着服务业的升级而不断优化的趋势。

（三）要素配置优化提升了服务业生产率

Syrquin（1984）以 Solow 提出的经济增长核算理论为基础，探讨了要素配置效应对生产率的影响，提出资源的优化配置可以实现全社会生产率的提升。这一理论分析框架为探讨资源配置效率对生产率的影响奠定了基础。要素的优化配置不仅会直接提升服务业生产率，而且还会通过企业创新、企业进入退出行为等途径提升服务业生产率。

要素资源的配置效率越高，服务业生产率就会越高。Hsieh et al.（2009）对于要素错配如何影响生产率的讨论是目前这一领域最典型的研究。该研究认为，生产要素的边际产出越高，生产率则越高。这一结论也得到了其他学者的认可，即随着要素资源配置水平的优化，要素会流向边际产出更高的部门，继而提升生产率（Restuccia et al.，2008；Hopenhayn，2014）。因此，服务业中的要素资源配置效率提高，即服务业中的生产要素分配至更高效率的服务部门，则可以提高该要素的边际产出，进而提升整个服务业行业的生产率。

要素优化配置会通过企业创新来提升服务业生产率。一方面，要素配置优化意味着缓解了要素错配造成资本和劳动力等要素使用的低效率（余东华等，2018a），有利于实现服务业行业中的创新资源在供给与需求市场上较自由的流动，从而提升服务业企业的创新效率（戴魁早等，2016）。另一方面，要素优化配置会减少寻租行为，从而增强服务业企业创新动机。若市场在要素配置中所起的作用减少，即要素的配置会受到政府的控制，则企业为得到所需要的要素资源通常会进行寻租行为。而这一行为往往伴随着超额利润或寻租收益（Claessens et al.，2008）。这会导致出现企业更多的是依靠寻租而不是创新来获取利润的局面。伴随着要素配置水平的优化，服务业企业创新的动力与效率得到提高，服务业生产率随之提升。

要素优化配置还会通过服务业企业进入和退出行为来提升其生产率。在要素资源得到优化配置的前提下，服务业企业面临的生产率临界水平会趋于一致，减少了临界水平被抬高或降低的情形（盖庆恩等，2015）。一方面，优胜劣汰机制可以很好地发挥作用。生产率高于临界值的服务业企业可以进入市场，而生产率低于临界值的企业则会退出市场（Peters，2020）。此时，服务业行业的生产率会整体得到提升。另一方面，较低生产率水平服务业企业的退出增强了在位企业之间的竞争，生产率的临界值会随之升高。为了提高自身的竞争力，服务业企业会提升自身生产率，这会形成服务业行业生产率的良性循环增长。

三、商业模式创新激励路径

网络经济和大数据时代，服务业创新的重要特征是技术创新、内容创新和商业模式创新融为一体，尤其是商业模式创新在资源聚集和生产组织方式中发挥着重要作用（江小涓，2018）。Osterwalder et al.（2013）认为，商业模式实际上是一个价值创造系统，而商业模式创新则是指构成商业模式的各个要素实现了升级或者要素的匹配方式实现了优化。本书借鉴李文莲等（2013）的研究，将商业模式分为价值主张、价值创造与传递、价值获取、价值网络等 4 个方面。下文将从这 4 个方面探讨数字化如何通过服务业商业模式创新来影响服务业生产率（图 3-3）。

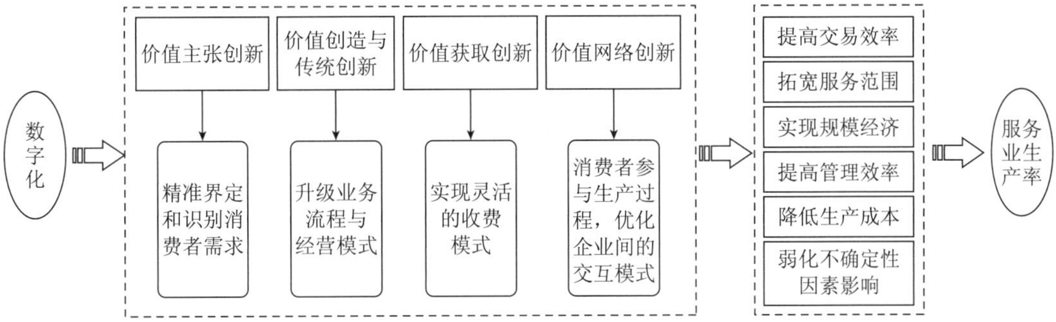

图 3-3　商业模式创新激励路径图

（一）价值主张创新

价值主张创新主要体现在服务业企业越来越能够清晰界定和识别消费者的需求，进而为其提供精准服务。一是在数字化时代，大数据、云计算等手段可以帮助企业基于消费数据精准界定与细分消费者群。大数据分析和挖掘技术的出现优化升级了消费者的划分标准，实现了以“地理位置、人口统计特征”为核心要素向以“兴趣、爱好、价值观、生活方式”为核心要素的转变（李文莲等，2013）。这为消费者的细分以及更精准的为消费者提供服务奠定了基础（Jiw et al.，2016）。例如典型的互联网企业，在数字技术的支撑下，可以基于对客户相关行为的数据记录与分析，为其提供针对性的内容和服务。二是基于数据的挖掘、收集与分析，识别消费者的潜在需求和真实需求。在应用数字技术之前，企业为搜集客户需求需要进行市场调研。调研数据的真实性会受到消费者真实需求特征的影响而大打折扣。比如，消费需求千变万化、消费者主观隐瞒与无法清晰描述等。然而，在数字化时代，数字技术使得消费者在互联网上的一切行为具有可数据化、可记录的特征。借助大数据分析，实现了对消费者需求的单维分类向多维分类的升级，进而实现对消费者的细分管理，识别消费者的真实需求。三是利用网络感知大数据信息，即时、精准、动态推进产品与服务。在数字化背景下，基于大数据的实时性、数据分析的快速性，服务业企业可以时刻圈定目标消费群体并满足他们的需求。比如，服务业平台逐渐由单一性平台向综合性数字化平台方向转变。价值主张创新，一方面有利于增强服务供给与需求的匹配度，提高服务业企业在市场中的认可度，提高生产率。另一方面增加了企业的服务业务类型，提升了服务供给的精准度。

（二）价值创造与传递创新

价值创造与传递创新主要体现在服务业企业商业模式创新过程中为消费者创造了新的价值，核心为关键业务和流程创新。一方面，以数字化设施和技术为基础，数据要素推动了整个业务流程的升级，为企业发现价值、创造价值、传递价值开辟了新的路径。另一方面，数字化为企业关键活动和流程创新提供了新的条件。随着数字化的发展，数据的获取、存储、分析与挖掘成为企业关键活动与新动能。基于“大数据”活动，传统的业务流程被逐渐取代或升级，这也使得业务经营模式发生改变。除此之外，“大数据”活动也涉足到价值创造流程、流程再设计等环节，有利于提升业务流程的效率。比如，物流运输、餐饮住宿、旅游等服务行业在大型节假日之前，可以利用数字技术实现市场趋势预测、减少商业决策和活动的不确定性。

价值创造与传递创新不仅为消费者提供了新体验以及新服务，而且提高了企业的管理效率，这均有利于提升服务业生产率。一方面，在消费者异质性偏好显性化的现实之下，数字化有利于形成个性化消费需求集聚效应，而个性化消费需求集聚效应的出现有助于促进服务供给实现规模效应，进而提升服务业生产率。另一方面，价值创造与传递创新带来的管理效率效应提升了服务业企业生产率。一是提升了企业内部各层级之间的协同性，降低了企业内部交流和信息获取成本。二是提升了企业管理者的预测能力。大数据分析与挖掘技术使企业管理者正确把握市场动向成为可能。基于数字化平台的交易数据、电子商务网站提供的客户评论和信誉评价体系，企业管理者不仅能够精准挖掘消费者的真实需求与偏好，而且能够据此及时判断企业可能存在的风险，重新确定企业发展规划与目标（He et al.，2019）。这均有利于提升企业管理效率，而管理效率的提高对企业生产率的积极影响有着不可忽视的作用（Bloom et al.，2016）。

（三）价值获取创新

价值获取创新主要体现在企业利润来源的变化。许多商业模式创新都是得益于能够正确认识到消费者购买商品与服务的真正目的是为了使用而不是为了拥有（李文莲等，2013）。在数字化时代背景下，传统的收费模式已不能适应行业的发展，取而代之的是更加灵活、更富有弹性的收费模式。这主要是因为，数字技术使得实时记录用户对产品的使用情况，包括时长、次数等信息，从而为收费提供了依据，推动了收费模式的升级。典型的场景为形成了以消费者的实际使用服务为依据的动态定价体系，提高了服务产品的价格优势。例如，以“微支付”为特征的出租模式的兴起，包括共享单车、共享充电宝。又如广告媒体行业，数字化的应用，一方面可以记录消费者对互联网广告的点击、浏览、注册、下载、购买等行为；另一方面根据特定的用户行为设计实时动态定价体系，有效实现了广告费用与广告价值相统一。

随着服务业企业收益模式发生变化，企业成本结构逐渐优化。企业成本的降低在一定程度上推动了其生产率提升。一方面，基于数字化收费模式的变化，服务业企业成本实现了与企业收益相统一，这有利于节约企业的生产成本；另一方面，企业在提供服务的过程中会积累大量的数据，除了完成服务供给之外，可以将多余的数据资源进行深加工，即实现数据资源商品化，比如为平台上其他企业提供舆情分析、精准营销、售后反馈、个性化等服务。这不仅会弥补一部分数字化的成本，还开拓了新业务领域，有利于提高生产率。

（四）价值网络创新

价值网络创新主要体现在与企业经营业务有关的各种外部相关者关系的变化方面。企业的生产经营决策不仅会考虑由其他企业所构成的价值生态网络，而且更依赖于消费者与社会媒体。一方面，数字化的发展使得消费者逐渐成为企业供给服务产品过程中重要的主体。服务的独特性使得企业在供给服务之前，需要首先确定服务消费群体、了解消费者需求、初判需求量的大小。因此，消费者参与是服务企业生产的重要环节。无线射频技术、在线条码、二维码、影像识别等技术突破，使消费者参与企业的服务供给过程成为可能。另一方面，数字化的发展优化了企业之间的交互模式，增强了企业价值网络中多元主体的协同互动。数字技术具有高效传播、互联共享、低成本获取信息等特征。因而，数字技术的应用会增加企业之间的合作频率、深度及广度，降低企业获取和利用其他外部资源的成本与风险。与之而来的是分享与合作逐渐成为企业之间外部关系网络和价值网络的独特属性。

数字化带来的价值网络创新除了可以提高交易效率之外，还可以降低生产环境中非确定性因素造成的消极影响，这为服务业生产率的提升奠定了基础。一方面，扩大了服务产品的交易范围，使得交易服务产品的数量与收益均实现了质的提高，这均会提升服务业企业的生产效率。另一方面，可以降低生产环境中非确定性因素造成的消极影响。随着大数据、人工智能、云计算、区块链等数字技术的应用，各环节的信息实现了数据化形式的存储与传播，实现了企业之间的有效沟通，减少了信息不对称等带来的风险。

四、专业化分工深化路径

协调成本是影响服务业企业专业化分工的重要影响因素之一，而数字化的发展可以通过降低协调成本为专业化分工增添新的催化剂。专业化分工可以通过规模经济效应、比较优势效应、技术溢出效应提升服务业生产率（图 3-4）。

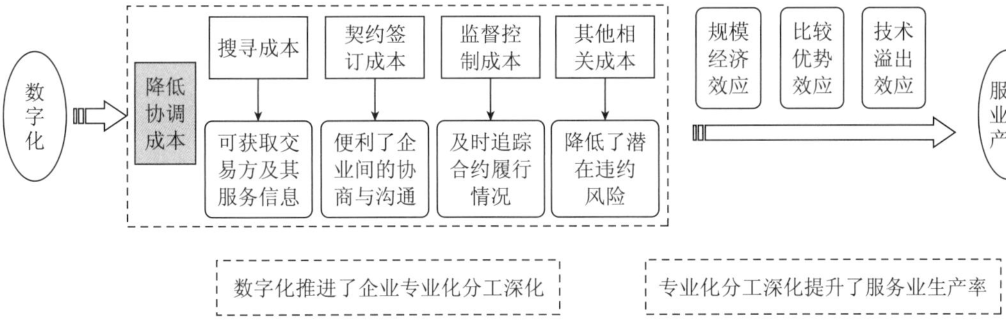

图 3-4　专业化分工深化路径图

（一）数字化推进企业专业化分工深化

协调成本是制约分工和专业化发展的关键因素（Becker et al.，1992；寇宗来等，2021）。数字化推进企业专业化分工深化的作用机制也正是通过降低企业之间的协调成本实现的。其中，协调成本主要包括搜寻成本、契约签订成本、监督控制成本、其他相关成本等。

从搜寻成本角度来看，搜寻成本主要是指在交易之前，搜寻合适企业交易方的过程中产生的成本。在数字化背景下，信息的储存、扩散与传播更为便捷与迅速，不仅可以使企业获得潜在交易方的生产能力、成长过程、诚信水平等信息，而且可以获得其提供服务产品评价、价格等信息，大大降低了企业的搜寻成本。从契约签订成本来看，契约签订成本主要是指确定与之交易的企业之后，起草契约、协商契约条款内容、谈判等过程中产生的成本。数字技术带来的信息传递与共享，不仅使得企业间的协调与沟通更加便利，而且提高了标的服务产品价格、质量、评价等关键信息的可获取性。这大大降低了企业与交易方在商定合约过程中所需要支付的成本（施炳展等，2020）。从监督控制成本来看，监督控制成本主要指企业为了保证合约的履行而付出的成本，包括由于各种原因导致的交易方不履行合约时，交易双方还需沟通协调、重新确定合约等产生的纠正成本。在契约签订之后，数字技术可以及时追踪服务产品、契约履行情况。这确保了一旦交易方未按合同履约或者其他情况，企业可以及时与交易方进行沟通，并根据需求做出灵活调整，从而降低了纠正成本（Clemons et al.，1993）。从其他相关成本来看，主要指由于契约签订不完备或交易方违约等情况导致企业面临的潜在生产相关成本，如服务产品闲置成本等。一方面，数字技术带来的信息储存与传播增加了企业信息的透明度，减少了信息不对称情形（Hollenbeck，2016），实现了企业之间的高质量、高效率的匹配，降低了企业之间的潜在违约风险。此外，数字技术实现了信息的高度透明，这也意味着交易方一旦发生违约，声誉损失、客户流失等成本大大提高。基于声誉与成本等方面的威胁，交易双方之间的违约事件会明显减少（施炳展等，2020），因交易方违约所产生的相关成本也随之减少。另一方面，鉴于数字化赋予了服务的可存储、可贸易性，企业寻找交易方的范围得到了扩大。若发生合约中止等情况，企业寻找到新的合作伙伴的时间与成本降低，进而降低了被套牢所带来的成本。

较低的协调成本促进了服务业企业的专业化分工。一方面，协调成本的降低有助于企业可以在更大范围内筛选出最为合适的交易方（Dana et al.，2014；施炳展等，2020）。借助于数字化，服务需求企业方可以接触到大量的服务产品供给信息，包括价格、评价等信息，根据自身对服务的需求，可以以较低的成本找到符合自身要求的服务产品。另一方面，协调成本降低使得企业的服务产品价格信息更易于获得与比较，一定程度上加剧了可替代服务产品之间的竞争，降低整体价格水平（Orlov，2011；施炳展等，2020）。考虑到企业成本最小化原则，企业往往会选择放弃自己独立完成服务产品的供给，而是更倾向于从外部购买某部分服务产品。从实践来看，原本难以分工的任务实现了分割，服务分工更加细化和深化，新模式、新业态层出不穷。比如，一方面，采购物流、财务、营销、招聘、法律等服务逐渐分离出来，推动了第三方服务供给商不断出现；另一方面，产生了互联网平台，发展了一大批以“经营平台”为特征的企业，比如淘宝、微信、美团、拼多多、字节跳动等。

（二）专业化分工深化提升服务业生产率

专业化分工主要通过规模经济效应、比较优势效应、技术溢出效应提升服务业生产率。

一是专业化分工深化可以通过规模经济效应提升服务业生产率。规模经济是指在一定条件下，随着企业生产能力的不断增强，生产的边际成本以及企业的长期平均成本均呈现下降趋势。专业化分工的出现实现了服务产品供给过程相分离，而不同的服务产品在生产过程中可能会需要相同的生产要素和共同的技术。这使得同一层次的生产环节得以聚集，有利于推动部分服务产品供给过程规模经济的实现。伴随着规模经济的出现，企业的服务产品生产成本逐渐下降，这会对企业生产率产生积极的影响。

二是专业化分工深化可以通过比较优势效应提升服务业生产率。比较优势概念较早出现在传统的国际贸易理论中，即各国生产具有相对优势的产品会提高其在国际贸易中的竞争优势。企业内部、企业之间的分工也是如此。一般而言，企业提供不具有比较优势的服务产品，不仅很难有高水平的产出效率，而且会产生较高的成本，即高于通过在市场上交易所支付的价格。换言之，服务业企业只提供资源与技术具有比较优势的服务产品，可以提高服务业企业的竞争优势与生产率。与此同时，随着企业专业化分工程度的细化和深化，特定环节服务产品的生产效率会不断提高，这不仅有助于降低服务产品的供给成本，而且有助于实现资源的有效配置，进而提升生产效率。

三是专业化分工深化可以通过技术溢出效应提升服务业生产率。得益于产业关联效应，参与专业化分工企业之间的生产合作为技术的传递和扩展提供了新的途径，催生了技术溢出效应。专业化分工一般是通过买卖部分服务产品来将不同企业联系起来。通常情况下，资源、技术禀赋较高的企业会出售服务产品到发展水平相对较低水平的企业，而这些服务产品一般都含有比较高的技术水平。发展水平较低的企业为了将这些高技术含量的服务产品应用到自身服务的生产过程中，则需要与之相匹配的技术水平。因而，这会极大地刺激发展水平较低的企业去学习先进技术，即产生“干中学”效应而提高各环节本身的生产率（Becker et al.，1992）。此外，为了保持自身的比较优势，发展水平相对较低的企业也会积极地应用新的技术来提高生产率。专业化分工所带来的技术溢出不仅可以提高参与分工企业的技术水平与人力资本，而且可以提高企业管理水平，有助于提升其生产率。

五、市场化与高技能劳动力的调节作用

需要进一步指出的是，在现实中，即使服务业企业数字化发展的程度类似，服务业生产率水平类似，数字化对服务业企业生产率的提升效应也会存在差异。换言之，数字化对服务业生产率的积极作用可能会受到一些互补性条件的影响。本小节将从市场化、高技能劳动力两个方面进行分析。

（一）市场化进一步释放了数字化对服务业生产率的提升效应

在数字化时代，数字技术产生的积极效应得以充分发挥的前提与基础是数据要素配置具有有效性。与此同时，需要有一定的劳动力、资本、技术等传统生产要素相匹配与支撑（Wamba et al.，2017）。在这一过程中，市场化水平的高低发挥着不可替代的作用。樊纲等（2011）指出，市场化是包括一系列经济、社会、法律制度的变革，并从政府与市场的关系、民营经济的发展、产品市场发育程度、要素市场发育程度、市场法律制度环境等方面量化了市场化水平。本部分将从这 5 个方面分析市场化如何影响数字化对服务业生产率的提升效应。

首先，政府经济干预的减少有利于增强数字化对服务业生产率的提升效应。关于政府干预对经济效率的影响，大部分学者认为，减少政府干预、推进自由经济可以进一步激发企业创新和技术进步（Holmes，1999）。这主要是因为政府在实施经济干预的过程中会存在一些负面影响，比如对扶持对象选择的非合理性（赵文军等，2014）。因此，政府经济干预的减少一定程度上会消除数字技术发展、普及与应用的障碍，比如电商平台的迅速崛起以及大数据技术的广泛运用。网络市场的逐渐扩大与成熟有助于消除市场的各种边界，可以更加快速、有效地配置资源，增强数字化对服务业生产率的促进作用。

其次，经济民营化程度的提高促进了数字化对服务业生产率的提升。一方面，经济民营化不仅赋予了企业生产经营的自主权，而且优化了企业管理与产权结构。同时，利润最大化的经营目标会“倒逼”企业采用最先进的数字技术，最终提升企业生产率。另一方面，在推进民营化改革中，民营经济主体的增加会增强各个经济体之间的竞争程度。竞争加剧了数字技术的“创造性破坏”，推动了资源的重新配置，增强了数字技术对服务业生产率增长的推动力（孙早等，2018）。

再次，产品市场的发育有助于释放数字化对服务业生产率的提升效应。服务产品市场化会加剧企业之间的竞争，此时企业往往会倾向于改变原有的经营策略。一方面，产品市场化扩大了企业服务产品的消费群体，而消费者的服务需求具有独特性、多样性，这在一定程度上会迫使服务供给企业不断完善自己的供给体系。产品市场化带来的这一变化会促使企业通过采用数字技术来搜集、追踪消费者的需求，以提升供给服务的质量与竞争力，提高服务业生产率。另一方面，服务产品市场分割的消除扩大了市场范围与规模，随之而来的是竞争的加剧。此时，简单的投资、劳动力要素的增加对企业竞争力的提升效应不再显著。从长远来看，企业核心竞争力的保持需要技术的支撑。因此越来越多的企业会采用数字技术，这也为数字化发展奠定了基础。

从次，要素市场的发育增强了数字化对服务业生产率的促进作用。其一，数字化的实现需要与之相匹配的资本、劳动力等要素及数据管理能力，而要素市场发育程度水平的提高，有助于企业可以根据需求适时调整各种生产要素，以实现更有效的生产（樊纲等，2011）。这为服务业企业进行数字化提供了良好的环境。其二，要素市场发育程度水平的提高，减少了要素的流动障碍，这也加速了数据要素的流动，推进了企业实现数字化，进一步释放了数字化对服务业生产率的积极作用。

最后，市场经济法律制度的健全加强了数字化对服务业生产率的积极作用。在数字化背景下，数据成为关键的生产要素。值得注意的是，数据要素可以作为生产要素参与价值分配的一个重要前提与基础是需要有清晰的产权界定。首先，数据的所有权和使用权相分离的基本条件是数据产权要清晰。数据作为生产要素进入要素市场，并在各行业或各生产部门之间进行分配，是需要有明确的产权划分。其次，数据要素参与分配机制需要数据要素具有交易权和收益权，这也需要数据具有清晰的产权（戚聿东等，2020d）。而市场经济法律制度的健全不仅有助于对经济主体的权责、利益进行界定，形成优良的竞争环境，提高要素的配置与利用效率，而且有助于厘清数据要素实现市场配置的条件（赵文军等，2014）。因此，市场经济法律制度的健全能为数字化对服务业生产率的提升效应起到“加持”作用。

（二）高技能劳动力增强了数字化对服务业生产率的提升效应

伴随着数字技术的广泛应用，经济社会生活的方方面面以及生产生活的各个环节都可以转化为数据形式记录与存储。与其他生产要素相比，数据本身具有的独特性不仅改变了传统的时空限制，而且升级与优化了资本、劳动力等传统要素。这一方面推动了生产要素在不同企业之间的流动，优化生产要素的配置（焦勇，2020）；另一方面使原本无法远距离供给的服务在更大的范围内匹配成功与提供，形成更为高效的分工体系（葛和平等，2021）。面对这一根本性的变化，高技能劳动力具备的认知能力、知识储备使其很容易适应，因而会放大数字化对服务业生产率的提升效应。

伴随着数字技术对服务业的不断渗透与融合，服务业数字化发展的重要前提是劳动力可以适应数字技术带来的变化。高技能劳动力所具备的深厚知识储备、高认知能力与协调能力可以实现对数字技术的补充（Autor et al.，2003），通常会提高数字技术在服务业中的利用效率。此外，数字技术对具有可重复性、可标准化任务的替代，使得高技能劳动力的竞争优势更加突出。一方面，高技能劳动力被自动化设备取而代之的概率相对较小。中低技能劳动力更多的是胜任具有重复性、可标准化特征的岗位，而这类岗位很容易被自动化设备替换。高技能劳动力能够胜任的岗位多是不可标准化的，比如科研、设计工作者等，被自动化设备取而代之的概率相对较小。另一方面，数字技术的发展与应用逐渐催生出新业态、新产业、新商业模式，与之而来的是新岗位和新职业，高技能劳动力是很容易胜任的。高技能劳动力的教育水平、专业能力往往较高，所以在面对新技术、新知识的冲击时，凭借较高的认知能力、深厚的知识储备很容易掌握并运用数字技术，提高工作效率（Acemoglu et al.，2018b；蔡跃洲等，2019）。由此可知，高技能劳动力有助于增强数字化对服务业生产率的提升效应。

第四节　数字化影响服务业生产率机制的行业具体表现

前文对数字化影响服务业生产率的路径、调节作用进行了详尽分析。然而，服务业细分行业在产业性质、发展规律等方面往往具有根本性的差别，这将会导致数字化对服务业生产率的影响机制具体表现也不同。因此，本节将在前文分析的基础上进一步探讨数字化影响服务业生产率的机制在细分行业中的具体表现。本节将根据《中国数字经济发展白皮书》中公布的服务业典型行业数字经济比例值对服务业进行划分❶。若服务业细分行业数字经济比例超过了服务业行业数字经济比例均值，则该细分行业归为数字化水平相对较高的服务业，否则为数字化水平相对较低的服务业。

一、数字化水平相对较高的服务业

数字化水平相对较高的服务业包括信息传输、软件和信息技术服务业，金融业，文化、体育和娱乐业，交通运输、仓储及邮政业，教育业，公共管理、社会保障和社会组织，租赁和商业服务业，科学研究和技术服务业等行业。其中，信息传输、软件和信息技术服务业，金融业，交通运输、仓储和邮政业，租赁和商务服务业，科学研究和技术服务业属于生产性服务业；文化、体育和娱乐业，教育业，公共管理、社会保障和社会组织属于生活性服务业。从所包含的生产性服务业来看，以金融、运输、科技为代表的生产性服

❶ 中国信息通信研究院发布的《中国数字经济发展白皮书（2018）》（实为2017年数据）与《中国数字经济发展白皮书（2019）》（实为2018年数据）均公布了服务业典型行业数字经济比例及其排名。按这两年的数据对数字化水平相对较高的服务业与数字化水平相对较低服务业的分类结果是一致的。虽然《中国数字经济发展白皮书（2020—2021）》并未继续公布服务业典型行业的数字经济比例，但是在本书第四章计算的2011—2019年服务业分行业数字化水平过程中，除公共管理、社会保障和社会组织，居民服务、修理和其他服务业2个行业无数据支撑之外，其余服务业细分行业的分类结果与此分类也相一致，这在一定程度上也验证了此处分类结果的合理性与可行性。

务业多为资本、技术密集型行业，ICT资本和技术投入较多。从所包含的生活性服务业来看，这些行业虽然不属于资本、技术密集型行业，但是数字技术的应用会使数据要素成为这类行业的关键生产要素。下文选取金融业，交通运输、仓储和邮政业，教育业，文化、体育和娱乐业，公共管理、社会保障和社会组织等典型行业进行具体分析。

1）金融业的数字化发展主要通过交易成本节约路径、要素配置优化路径、商业模式创新激励路径提高行业生产率。一是人工智能技术实现了金融业中多项业务的智能化办理，比如智能理赔、智能催收、智能管家、智能财务。这有利于降低金融服务过程中的交易成本，提升金融企业运营效率。二是数据要素与金融资本要素相结合，催生出金融科技等“新资本”，不仅实现了资本转型，而且优化了资本结构。除此之外，数字技术可以实现对资金流向、使用情况的实时监控，减少了信息不对称的情形，有助于提高金融资本投资效率与资本收益率。三是优化了金融业对消费者需求的界定和识别，为提供精准金融服务奠定了基础。大数据分析和挖掘技术实现了客户分类标准的多维化，有利于正确评估客户资产结构、需求行为以及风险偏好，为金融机构提供精准化、差异化、个性化产品和服务奠定了基础，增强了金融服务供给与需求的匹配效率。

2）交通运输、仓储和邮政业的数字化发展可以降低交易成本、优化要素配置、推动专业化分工，进而推动其生产率的不断提升。在交通方面，大数据、互联网、云计算、人工智能、区块链、物联网等新一代信息技术的应用使收集与分析路网交通流、车辆轨迹等数据成为可能，有利于优化要素配置，提升居民出行体验。比如，成都市交通运行协调中心（TOCC）实现了人、车、路、户、线、站等信息的相互关联，提高了出行供给与需求相匹配的精准度，极大地改善了交通状况、提升交通行业效率。同时，大数据技术可以通过降低交易成本，包括搜寻成本、追踪成本和验证成本，有效解决交通拥挤问题，比如精准识别拥堵的原因、提出数据治理的办法、有效收集治理效果评价。交通行业专业化分工的典型情景：一是共享单车的出现，催生出新的交通运营企业。二是滴滴出行平台的出现，衍生出专车司机、快车司机，从而满足不同乘客的服务需求，提高司机和乘客的匹配效率。在物流发展方面，大数据、互联网、云计算、人工智能、区块链、物联网等技术的应用极大了促进了物流的效率。比如，菜鸟网络采用区块链技术跟踪与收集进口商品的物流信息。这不仅降低了物流各个环节的交易成本，而且改变了原有物流业生产要素的配比。

3）教育业的数字化发展主要通过要素配置优化路径、交易成本节约路径提高行业的生产率。一是在数字化发展背景下，数据要素成为重要的生产要素之一，改善了教育行业中既定的资本、劳动力要素投入配比。如5G技术为网络课堂拥有清晰的直播画面、拓展教学内容、增加师生互动提供了支撑；大数据分析技术能够掌握每个学生的课堂数据，为精准、快速掌握学生学习情况提供了可能。此外，数据要素具有的融合性升级与重构了劳动力要素配置，比如网络课程实现了一个教师可以同时给上千人甚至上万人讲课，实现了劳动力生产要素高级化，从而提高整体要素配置水平，提升行业生产率。二是数字技术具有跨时空传播、信息获取近乎零成本等特征，使大量高效的信息实现低成本传输和复制。虽然某些网络服务具有高初始成本的特征，但是数字化降低了复制成本，这就使得网络服务的边际成本很低。比如，一堂网络课程的制作成本并不会因为是一个学生还是万亿个学生而发生很大的变化，即增加学生的边际成本极低。这使得教育业逐渐具有规模经济的特点，进而提升其生产率。

4）文化、体育和娱乐业的数字化发展主要通过交易成本节约路径、商业模式创新激励路径、专业化分工深化路径提升其生产率。一是数字技术实现了将经济活动数据化，并且大数据分析方法可以精准获取目标信息。利用数字技术实现信息的完整、快速传递，帮助消费者实现低成本、高精准度的寻找交易方。比如，在数字技术尚未普及之前，若消费者想购买演唱会的门票，就需要到指定的院线排队进行购买。而在数字化时代下，各个电子商务平台有助于消费者轻而易举地了解、购买演唱会等门票，从而在信息搜寻环节上降低了成本。二是大数据、云计算等手段可以帮助企业基于消费数据实现对消费者的精准界定与划分，从而为更好地满足消费者的实际需求提供依据，实现商业模式的创新。典型的场景如自媒体的出现与发展，数字技术不仅可以收集、记录每个用户的浏览、点击、收藏等行为，而且可以全方位地进行挖掘与分析，实现对消费群体的精准细分，快速、精准地将相关视频、音频信息推送给目标群体（鞠雪楠等，2020）。据统计，我国短视频用户规模达 6.48 亿，用户使用率为 78.2%。三是数字技术扩大了服务供给的范围，成功地将消费者的异质性偏好显性化，比如国潮文化、文创联名、盲盒经济的出现，这有助于促进服务供给实现规模效应和专业化分工。此外，以数字技术为支撑的新型文化，比如网络文学、网络直播、网络音乐等，以及传统业态的转型升级，比如数字博物馆、数字出版、数字影视、数字音乐、数字体育，均推动了文化、体育和娱乐业的专业化分工，有利于提升生产率。

5）公共管理、社会保障和社会组织的数字化发展主要通过要素配置优化路径提高行业生产率。数据纳入公共管理、社会保障和社会组织的生产要素中，不仅改善了既定的劳动力要素投入配比，而且数据的高渗透性改善了要素质量与效率，促进生产要素向高级化发展，尤其是劳动力要素。这在数字政府方面表现得尤为明显。数字化从办事效率、办事态度、办事方法、办事能力等方法深刻地优化与升级了政府治理。近年来，我国各级地方政府不断重视与推动数字政府的建设，提高了政府办公效率，典型的情形如一网通办、智慧政务。数字化治理在疫情防控过程中也起到了关键作用，行程码、健康码以及疫情信息实时发布，为精准划分风险人群、有效切断疫情传播提供了支撑。

二、数字化水平相对较低的服务业

数字化水平相对较低的服务业主要包括批发和零售业，住宿和餐饮业，房地产业，水利、环境和公共设施管理业，居民服务、修理和其他服务业，卫生和社会工作等行业。其中，批发和零售业属于生产性服务业；住宿和餐饮业，房地产业，水利、环境和公共设施管理业，居民服务、修理和其他服务业，卫生和社会工作属于生活性服务业。这些行业多属于劳动力要素密集型行业，与人们消费需求直接相关，ICT 资本、数据资本、信息技术投入相对较少。在服务过程中更具有生活化、人性化、个性化等柔性特征（杜丹清，2017）。下文选取批发和零售业，住宿和餐饮业，卫生和社会工作等典型行业进行具体分析。

1）批发和零售业的数字化发展主要通过交易成本节约路径、商业模式创新激励路径来提升其生产率。一是批发和零售业的数字化发展节约了该行业的交易成本。在传统批发和零售业中，要想获取消费者相关信息，需要经历市场调研、开发产品、试用、反馈、推销等各个环节，整个过程持续时间较长，成本较高，并且数据还会具有不准确性、滞后性。数字技术的应用使得获取消费者相关信息便捷化、快速化、精准化，节约了交易成本。二是零售业务模式产生了颠覆式重构。随着移动互联网技术的发展与应用，小程序、社交电商、新零售等全新的平台不断出现与普及，重构了原有的业务模式，比如“小程序下单+自提/外卖”的形式实现了商超的线上线下相结合，促进了生产要素的流动，推动了数字化零售的发展。

2）住宿和餐饮业的数字化发展主要通过交易成本节约路径、专业化分工深化路径、商业模式创新激励路径提高行业生产率。住宿和餐饮业是典型的生活性服务业。随着数字化的发展，大数据、人工智能、5G 等新一代信息技术在住宿和餐饮业实现了广泛应用。一是数字技术实现了餐饮业中自主点餐、自主下单，这不仅节约了部分劳动力，而且降低了交易成本。二是我国餐饮业的发展逐渐转为“互联网+外卖”为主要形式的 O2O 餐饮模式。伴随而来的是“服务员”转为了“外卖员”“跑腿员”，新形式服务的出现推动着岗位的重新分工，比如专门的外卖配送员、跑腿员。三是大众网上消费成为主流，美团、大众点评等平台可以基于消费者的位置与偏好，推送相关的餐馆、咖啡店、酒店等信息。一方面，基于大数据的快速搜寻、匹配与推送，消费者可以很快搜寻到最符合自己预期的服务产品，节约了搜寻成本；另一方面，基于平台发展的餐饮业、住宿业，以及推送相关的餐馆、咖啡店、酒店等信息都属于商业模式创新。

3）卫生和社会工作的数字化发展主要通过交易成本节约路径、要素配置优化路径提高行业生产率。其一，伴随着现代信息技术在卫生和社会工作中的应用，一方面第三方健康管理评价服务规模不断扩大；另一方面在线诊疗为患者就医提供了便利，甚至可以在短时间内完成在多家医院的就诊。这均有利于降低交易成本。其二，数字化的医疗设备的投入，实现了卫生和社会工作的要素优化配置，比如远程手术的完成。这不仅改善了既定的要素投入配比，而且升级与重构了资本、劳动力等传统生产要素，实现了生产要素复杂化与高级化，从而提高了整体要素配置水平，提升了行业生产率。

第四章 数字化与服务业生产率的测算及特征分析——基于上市公司样本数据

上一章对数字化与服务业生产率的内涵进行了界定，并构建了数字化影响服务业生产率的理论分析框架。本章将采用2011—2019年中国服务业沪深A股上市公司样本数据，对中国服务业数字化水平与服务业生产率水平进行测算，并对其发展特征及行业特征进行分析。

第一节 服务业数字化水平的测算及特征分析

2020年，我国服务业数字经济占行业增加值比例为40.7%，远高于农业、工业数字经济增加值占比。那么，服务业数字化水平将呈现出什么特征呢？本节首先说明服务业数字化水平的测算方法；其次从时间、空间、企业所有制等视角分析其发展演变特征；最后分析服务业数字化水平的行业差异性。

一、服务业数字化水平的测算

本书中数字化表示以数据为关键要素，在人工智能、区块链、云计算、大数据等数字技术的支撑与引领下，通过数字技术与实体经济相融合，实现经济、社会各部门的升级、重构与转型的过程。可见，数字化是数字技术应用的过程。因此，如何精准测算企业数字化水平具有一定的难度。目前已有研究中，关于企业数字化的量化主要包括数字化相关资产、文本分析法等方法。比如，李坤望等（2015）通过衡量与数字化相关的无形资产的状况来表征企业信息化水平，包括IT投资、电信支出等。王莉娜（2020）采用与数字化有关的邮件往来、企业网站、互联网接入、网上采购、网络影响、互联网研发等指标构建数字化水平评价体系。袁淳等（2021）通过识别数字化相关词语的频次，以此表征企业数字化发展程度。已有研究中的测算方法或多或少地存在着缺点。比如，数字化相关资产数据往往会受到企业炫耀性投资的影响，因而准确性较低；文本分析法中对于词汇范围选择存在较大的主观性。

因此，为了更加客观、准确地量化服务业企业数字化水平，本书采用CSMAR数据库中数字经济研究子库中的上市公司数字化数据对其进行量化。数字经济研究数据库提供经济发展总体情况（国民经济核算、人力投入、科技创新、固定资产投资）、数字产业化（通信业、互联网和相关服务、软件和信息技术服务业、电子信息制造业、共享经济）、产业数字化（农业数字化、工业数字化、数字金融、电子商务）、政策与资讯及上市公司数字化等方面的数据。上市公司数字化数据是通过计算人工智能技术、云计算技术、区块链技术、大数据技术、数字技术应用等5方面的词频来量化数字化水平。其中，人工智能技术包括语音识别、人脸识别、生物识别技术、智能机器人、人工智能、机器学习、自然语言处理、商业智能、自动驾驶、深度学习、图像理解、身份验证、智能数据分析；云计算技术包括物联网、云计算、流计算、内存计算、认知计算、融合架构、信息物理系统、亿级并发、多方安全计算、图计算；区块链技术包括数字货币、联盟链、去中心化、智能合约、分布式计算、共识机制、比特币；大数据技术包括征信、数据挖掘、混合现实、虚拟现实、数据可视化、异构数据、文本挖掘、增强现实；数字技术应用包括电子商务、移动支付、移动互联网、互联网金融、移动互联、金融科技、数字金融、智能客服、开放银行、智慧农业、智能投顾、数字营销、智能营销、智能家居、第三方支付、工业互联网、网联、无人零售、B2C、智能穿戴、B2B、O2O、智能交通、互联网医疗、智能医疗、智能环保、智能电网、NFC 支付、C2B、C2C、Fintech、智能能源、智能文旅、量化金融。

二、服务业数字化水平的发展演进特征

鉴于本书采用的是企业层面的数据，本部分借鉴袁淳等（2021）的做法，来分析服务业整个行业数字化水平的发展演进特征，包括时间维度、空间维度、企业所有制维度。

（一）增长趋势明显，并具有阶段性

样本期间企业数字化的分年度统计图（图 4-1）显示，无论是从总的服务业企业数字化水平来看，还是从平均每家服务业企业的数字化水平来看，服务业数字化水平均呈上升趋势，并具有明显的阶段性。2017 年之前，服务业数字化水平的增长趋势十分明显，而 2017 年之后增长趋势有所减缓。

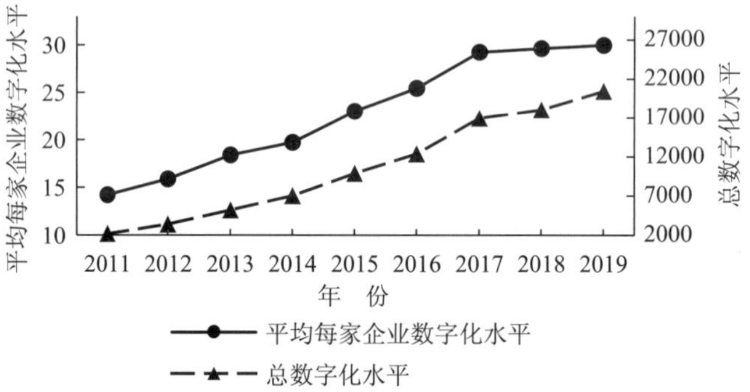

图 4-1 服务业数字化水平趋势图

（作者分别根据 CSMAR 数字化数据、中国信息通信研究院发布数据整理绘制）

具体而言，2011 年总的企业数字化水平为 2160，2019 年增长为 20417，增长了近 8.45 倍。尤其是 2017 年以前，增长趋势十分明显，年均增长速度高达 40.95%。当然，为了避免样本中每年上市企业数量不同而造成总的企业数字化水平存在偏误，本部分还分析了平均每家企业数字化水平。数据显示，平均每家企业数字化水平的增长趋势基本与总的企业数字化水平趋势相一致。具体而言，平均每家企业数字化水平从 2011 年的 14.21 增长至 2019 年的 29.98，增长了近 1.11 倍。这也表明，数字技术在服务业企业中的应用得到了普及与深化。同样的，2017 年以前，平均每家企业数字化水平的增长趋势更加明显，年均增长率为 12.78%，远高于 2017 年之后的增长率。本书认为可能的原因是：一

方面，国家政策的支持。随着 2013 年提出“互联网+”概念，一系列的政策法规、发展战略相继出台，如 2015 年政府工作报告中提出制定“互联网+”行动计划；2017 年党的十九大报告提出“推进互联网、大数据、人工智能和实体经济深度融合”；2020 年《中共中央关于制定国民经济和社会发展第十四个五年规划和二〇三五年远景目标的建议》中更是强调“加快数字化发展”。国家层面政策的落实很大程度上促进了数字技术在服务业中的渗透与应用。因此，服务业数字化发展水平会呈上升趋势。另一方面，随着政策的支持、数字技术的普及与应用，越来越多的企业会进行数字化发展。然而，在数字化发展的过程中，企业会逐渐受到政策理解、技术、资金与人才等多方面因素的影响，进而导致数字化进程缓慢，甚至存在不会转、不能转、不敢转等局面。因此，从企业层面的数据来看，服务业数字化水平的增长趋势会变缓。

此外，为了更准确、客观地分析我国服务业数字化的水平，本部分还借助宏观层面的数据进行分析与验证。中国信息通信研究院发布的《中国数字经济发展白皮书》显示，中国服务业数字经济占行业增加值比例由 2016 年的 29.6% 增长到 2019 年的 37.8%，年均增长率达 8.52%（图 4-2）。这表明，我国服务业的数字经济渗透率一直呈上升趋势，融合发展不断向深层次演进。进一步而言，2017—2019 年服务业数字经济占行业增加值比例分别增加了 10.14%、10.12%、5.29%，即增速亦有放缓趋势。这与前文采用企业层面数据分析服务业数字化水平的情况基本相当，这在一定程度上也验证了企业层面数据的处理方法具有可行性。

图 4-2　服务业数字经济占行业增加值比例示意图
（作者分别根据 CSMAR 数字化数据、中国信息通信研究院发布数据整理绘制）

（二）区域差异明显，呈现多种特征

1. 南北地区差异显现

进入新常态以来，南北差异问题逐渐成为学术热点。在服务业数字化水平方面，南北差异现象也逐渐显现。如图 4-3 所示，2011 年南方地区与北方地区的服务业数字化水平基本相当，分别为 14.74、14.00。2019 年南方地区服务业数字化水平为 34.82，增长了近 1.36 倍。然而，北方地区服务业数字化水平为 27.94，仅增长了 99.57%，低于南方地区服务业数字化水平的增长速度。这与中国信息通信研究院的统计数据基本一致。2019 年数字经济增加值超过 10000 亿元的省份中属于南方地区的有 9 个，属于北方地区的仅有 3 个。数字经济增加值在 5000 亿~10000 亿元之间的南方省份有 3 个，北方省份有 2 个。此外，自 2017 年以来，南方地区与北方地区之间的服务业数字化水平差距有缩小趋势。2017 年南方地区的服务业数字化水平是北方的 1.32 倍，2019 年缩小至 1.25 倍。主要是因为 2017 年以后南方地区数字化水平的增长速度放缓，甚至有微弱下降趋势，而北方地区的服务业数字化水平一直呈现缓慢上升趋势。这在一定程度上也说明先行进行数字化发展的南方地区企业也率先遇到困境。

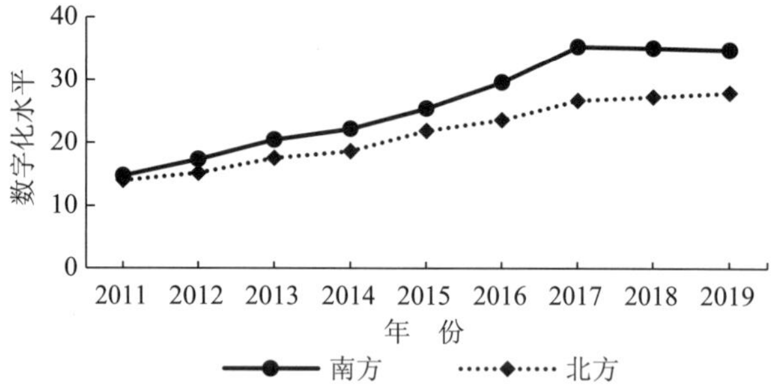

图 4-3　南北方地区服务业数字化水平趋势图
（作者根据 CSMAR 数字化数据计算、整理、绘制）

2. 胡焕庸线格局明显

从区域层面来看，服务业数字化水平还呈现出由东南沿海向西北内陆逐渐降低的趋势，胡焕庸线格局明显。如图 4-4 所示，胡焕庸线东南侧地区的服务业数字化水平明显高于西北侧地区，但是差距略呈现缩小趋势。2011 年，胡焕庸线东南侧地区服务业数字化水平为 13.55，2019 年为 30.12，增长了约 1.22 倍。而 2011 年胡焕庸线西北侧地区服务业数字化水平仅为 3.00，2019 年仅为 14.50，均远远低于胡焕庸线东南侧地区。然而值得指出的是，胡焕庸线西北侧地区服务业数字化水平与东南侧地区之间的差距逐渐缩小。2011—2019 年胡焕庸线西北侧地区服务业数字化水平增长了 3.83 倍，高于胡焕庸线东南侧地区增长速度（1.22 倍）。这在一定程度上说明，服务业数字化水平朝着均衡趋势发展。服务业数字化水平的胡焕庸线格局与中国数字经济发展规模的非均衡性特征具有相似性。前瞻产业研究院通过对中国信息通信研究院数据的整理，提出中国数字经济区域发展竞争格局基本符合胡焕庸线格局。中国信息通信研究院的统计数据显示，2019 年数字经济增加值超过 10000 亿元的省份包括广东、江苏、浙江、上海、北京、福建、湖北、四

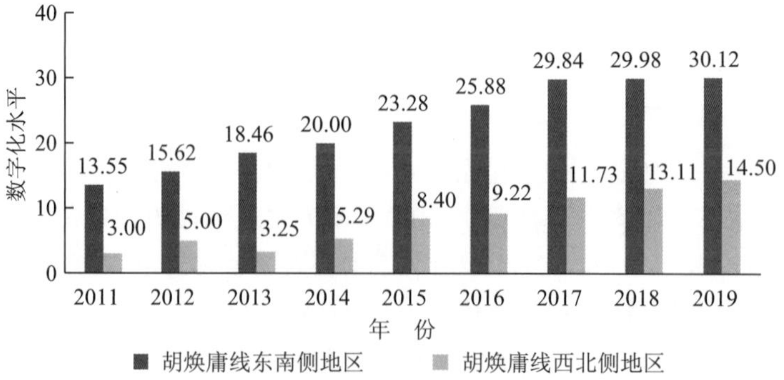

图 4-4　胡焕庸线两侧地区服务业数字化水平趋势图
（作者根据 CSMAR 数字化数据计算、整理、绘制）

川、河南、河北、安徽、湖南等；数字经济增加值在5000亿~10000亿元之间的省份包括辽宁、重庆、江西、陕西、广西等，这些省份大部分位于胡焕庸线东南地区。

3. 东中西地区之间存在数字鸿沟

限于各个地方经济发展水平不同，数字化发展基础差异较大。东中西地区之间服务业数字化水平存在数字鸿沟现象，总体呈现东部高于中西部、中西部水平相当的规律。如图4-5所示，东部地区服务业数字化水平明显高于中西部地区。2011年东部地区的服务业数字化水平为16.01，2019年为31.44，增长了近1倍，均远远高于中西部地区，数字鸿沟现象凸出。2011年，西部地区服务业数字化水平为9.73，略高于中部地区（7.42）。2019年，西部地区服务业数字化水平为23.62，与中部地区基本相当（22.02），增长速度也接近。此外，虽然中西部地区的数字化水平相差不大，但是2015年以后西部地区的数字化水平一直高于中部地区。这主要是因为西部地区的陕西、四川、重庆等省份的数字化发展十分迅速。中国信息通信研究院的统计数据也显示，2019年四川省数字经济增加值超过10000亿元，重庆、陕西数字经济增加值超过5000亿元。

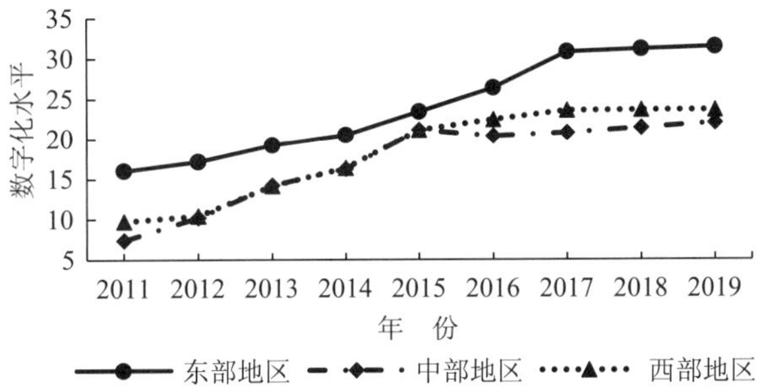

图4-5 东中西地区服务业数字化水平趋势图
（作者根据CSMAR数字化数据计算、整理、绘制）

（三）国有企业数字化水平高于民营企业

企业所有制不同，其发展目标、发展规划往往具有差别，因而对于新技术冲击的反应也有所不同。本部分将对样本中国有企业、非国有企业的服务业数字化水平进行分析。其中，在768家服务业上市公司样本中，国有企业占比36.98%，民营企业占比63.02%，不包含外资企业。鉴于此，本书将企业直接划分为国有企业与民营企业。如图4-6所示，服务业行业中国有企业、民营企业的数字化水平均呈上升趋势，并且国有企业的数字化水平高于民营企业。这也说明民营企业在应用数字技术的过程中存在着更多困境。

从整体来看，服务业行业中国有企业的数字化水平由2011年的16.34增长至2019年的41.31，增长了近1.53倍。2011年民营企业的数字化水平为11.28，略低于国有企业数字化水平，2019年民营企业的数字化水平增长至22.55，增长了近1倍，低于国有企业的增长速度。一方面，体现了国有企业在数字化过程中的优势。国有企业往往承担着国家发展的目标，更容易获得一些其他企业从市场中购买不到的稀缺资源，因而在应用数字技术的过程中具有资金、规模、科研以及政策等方面的优势。另一方面，民营企业在数字化过程中会受到数字技术、人才储备、资金支撑等因素的影响，更多的会面临不敢转、不善转、不愿转等局面。

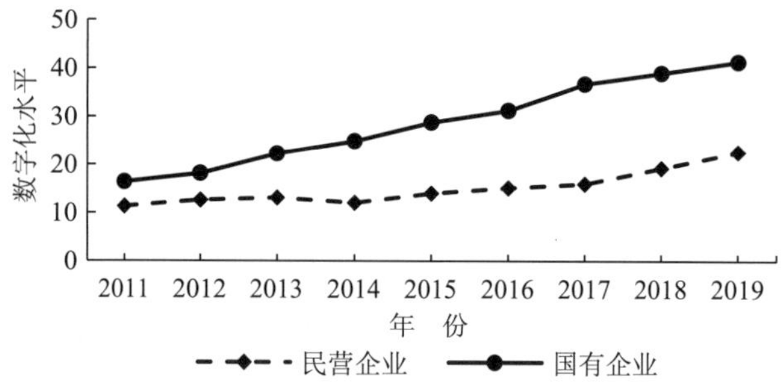

图 4-6 不同所有制服务业企业数字化水平趋势图
（作者根据 CSMAR 数字化数据计算、整理、绘制）

三、服务业数字化水平的行业特征

服务业细分行业种类繁多，不仅包括传统劳动密集型服务业，也包括资金、技术、知识密集型服务业。服务业的行业性质、发展规律、提供的服务产品性质均表现出很大的差异。因此，不同服务业的数字化水平也可能不同。考虑到样本数据所包含的行业范围以及数据的连续性，此部分只分析比较信息传输、软件和信息技术服务业，租赁和商务服务业，金融业，科学研究和技术服务业，教育业，文化、体育和娱乐业，交通运输、仓储和邮政业，卫生和社会工作，房地产业，批发和零售业，水利、环境和公共设施管理业，住宿和餐饮业等 12 类服务业的数字化水平（图 4-7）。

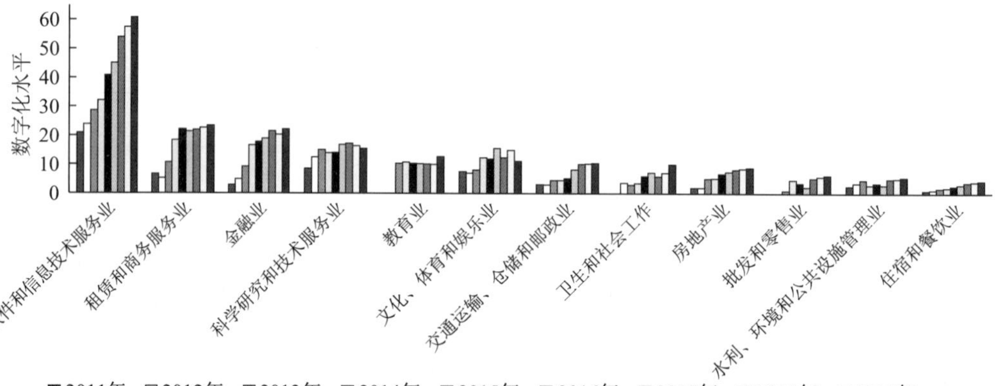

图 4-7 服务业细分行业数字化水平示意图
（作者根据 CSMAR 数字化数据整理、计算、绘制）

服务业数字化水平具有明显的行业差异性，打破了生产性服务业与生活性服务业的传统分类。从整体上看，服务业细分行业的数字化水平均呈现出明显的上升趋势。从细分行业来看：一是信息传输、软件和信息技术服务业的数字化水平最高，并且在研究期内呈现快速增长趋势，由 2011 年的 21.06 增长至 2019 年的 60.80，增长了近 1.89 倍，年均增长率达 14.17%。这主要是因为信息传输、软件和信息技术服务业是数字化发展的核心部门。二是金融业，文化、体育和娱乐业，交通运输、仓储和邮政业，教育业，租赁和商业服务业，科学研究和技术服务业等行业的数字化水平相对较高。其中，金融业，交通运输、仓储及邮政业，租赁和商业服务业，科学研究和技术服务业属于生产性服务业；文化、体育和娱乐业，教育业属于生活性服务业。这与中国信息通信研究院发布的服务业行业数字经济占生产总值比例的结果也基本一致。三是卫生和社会工作，房地产业，批发和零售业，水利、环境和公共设施管理业，住宿和餐饮业等行业的数字化水平相对较低。

金融业，交通运输、仓储和邮政业，租赁和商业服务业，科学研究和技术服务业的数字化水平相对较高，这一点也是很容易理解的。这些行业属于生产性服务业，多为资本、技术、知识密集型行业，因而技术支撑以及相应的人才与资本的储备较为充足，数字技术的应用程度也较高，数字化的水平也相对较高。文化、体育和娱乐业，教育业的数字化发展在现实中也体现得淋漓尽致。比如在线教育、网络视频、在线体育等在疫情倒逼下的蓬勃涌现。在这类行业中，数据要素的优势会使其成为最主要、最关键的生产要素，并且数据要素的渗透性与融合性可以优化资本、劳动力等传统要素的配置，数字技术的应用程度随之加深，数字化水平相应提高。在卫生和社会工作，房地产业，批发和零售业，水利、环境和公共设施管理业，住宿和餐饮业等行业中，多为劳动力要素密集型服务业，数据要素的出现并不会起到主导作用或者关键作用。因而，在面对数字技术的冲击时，行业的升级、组织变革、重构、要素的优化与升级等现象并不凸显，数字化水平随之较弱。

第二节　服务业生产率的测算

关于服务业生产率的测算方法有很多，本节将首先对服务业生产率的测算方法进行梳理，并分析其优势与不足。然后根据本书的研究需求、样本数据特征确定本书测算服务业生产率的方法。

一、现有测算方法的梳理与评价

传统的全要素生产率（Total Factor Productivity）估算是从生产函数开始的，基于对生产函数估计方法的多样性，对全要素生产率的测算也存在多种方法。服务业生产率的测度只不过是测度范围不一致，测度方法是一致的。按照使用的计量方法，生产率测度可分为参数法、非参数法和半参数法 3 类。

（一）参数法

参数法测算生产率的原理是：基于计量经济学理论，假定投入与产出之间的关系可以采用具体的生产函数表示，因而可以通过投入产出具体数值判断生产函数中的参数，进一步测算出该生产单位的生产率。主要包括索洛余值法、随机前沿分析法。

1. 索洛余值法（Solow Residual Method）

Solow（1957）构造了一个总量生产函数，将扣除资本、劳动力等生产要素增长导致经济增长的部分统称为全要素生产率，以度量技术进步对经济增长的贡献。索洛提出的全要素生产率的概念实际上是加总的投入要素指数的平均生产率。以柯布-道格拉斯生产函数为例，$Y_t = A_t K_t^{\alpha} L_t^{\beta}$，公式两边取对数，然后对时间求导，即得到

$$\frac{dY_t}{Y_t} = \alpha \frac{dK_t}{K_t} + \beta \frac{dL_t}{L_t} + R_t \quad (4-1)$$

式中：α，β 表示资本和劳动力的产出弹性；$R_t = \frac{dY_t}{Y_t} - \alpha \frac{dK_t}{K_t} - \beta \frac{dL_t}{L_t}$ 被称为索洛余值，也被称为全要素生产率，通常用来反映技术进步的变化。

索洛余值法的优点在于模型简单、经济学含义明显，因此在经济增长源泉的分析上得到了广泛应用。但不得不注意的是索洛余值法测度全要素生产率存在一些明显的缺陷：一是笼统地将投入增长以外的因素归结为技术进步，没有充分考虑到计算误差和其他因素的影响。一些学者认为，索洛余值法测算的全要素生产率实际上是一种计算误差（段文斌等，2009）。二是索洛模型假设技术外生、希克斯中性和规模报酬不变，这在现实中难以满足。三是索洛余值中劳动力投入被看作是同质的，并没有考虑到教育等人力资本对劳动力质量的影响。因此，学者们进一步探讨与拓展了索洛方程的应用。Denison（1967）认为，投入要素具有差异性，其对生产率的贡献也不同，因此需要将不同的生产要素赋予不同权重构建投入要素指数。Jorgenson et al.（1967）主要的贡献是提出了资本服务量的计算方法，即在测算生产率中分别赋予劳动力和资本投入的权重为工资率、资本租赁价格。

2. 随机前沿分析法（SFA）

Aigner et al.（1977）提出了随机前沿生产函数模型，如下所示：

$$\ln y_i = (\ln x_i)'\beta + v_i - u_i \quad (4-2)$$

式中：v_i 表示随机误差，服从均值为 0，方差为常数的正态分布；u_i 表示无效项；$(\ln x_i)'\beta$ 表示确定的生产前沿，通常用极大似然估计法来估计生产函数。

这个模型与传统的生产函数模型的主要区别在于增加了一个无效项 u_i，其一般服从半正态分布、截尾正态分布或者指数分布。如果 $u_i = 0$，意味着观测点落在生产前沿上，此时技术有效，即误差全部来源于随机误差；如果 $u_i > 0$，则说明未落在生产前沿上，存在一定的效率损失。技术效率（TE）的大小可以用下式来表示：

$$TE = \exp(-u_i) \quad (4-3)$$

随机前沿生产函数模型的二分法具有明显的优点：一是可以将全要素生产率分解为技术进步、技术效率两部分，有助于更加全面、细化地分析全要素生产率的变化；二是可以量化通过干中学、管理改善等途径实现对非效率的改进，具有很强的现实意义。通常根据生产函数，可以将随机前沿生产函数模型划分为 C-D 随机前沿生产函数模型和超越对数随机前沿生产函数模型。

（二）非参数法

非参数法的理论基础则是指数理论与线性规划理论等，主要包括数据包络分析法、Malmquist 生产率指数法等。

1. 数据包络分析法（DEA）

数据包络分析法由 Charnes et al.（1978）提出。该方法的原理主要是根据决策单元（DMU）的投入产出观测数据，借助数学规划和统计方法确定相对有效的生产前沿边界，再将各个 DMU 投影到 DEA 的生产前沿面上，进而通过比较 DMU 偏离前沿面的程度来评价它们的相对有效性。数据包络分析法是一种不使用生产函数的测算方法。与 SFA 相比，其确定性前沿面为处于“最前沿”位置的样本数据的线性包络。Charnes et al.（1978）提出的 CCR 模型是数据包络分析法在测算生产率中的首次应用。随后，学者不断拓展数据包络分析法的应用，比如 Banker（1980）在 CCR 模型基础上，放松规模报酬不变的假设，将规模报酬变动分解为纯技术效率和规模效率，即 BCC 模型。在该模型的基础上，Färe et al.（1994）将效率变化指数分解为规模效率变化指数、要素配置变化指数以及纯技术效率变化指数。DEA 方法的优点在于：一是不需要设定模型的形式，并且可以解决多投入和多产出形式的全要素生产率问题；二是 DEA 模型中的投入和产出变量的权重由线性规划模型得出，因而不会受到主观因素的影响。

2. Malmquist 生产率指数法

1953 年，瑞典经济学家 Sten Malmquist 最先提出 Malmquist 指数。此时，该指数的本质是根据缩放因子的概念与特征构造消费数量指数。其中缩放因子是指某一个消费组合达到特定无差异曲面所需要的缩放倍数。显然，这一概念与 Shephard（1953）提出的距离函数具有一致性。随后，Caves et al.（1982）将这一思想纳入生产函数中，并将生产率指数构建为距离函数之间的比值。至此，Malmquist 生产率指数得以完全建立。基于 DEA 方法，Färe et al.（1992）创建了 Malmquist 生产率指数的实证形式，即定义了两个相邻时期的 Malmquist 生产率指数，具体计算公式为

$$M_0(x_t,\ y_t,\ x_{t+1},\ y_{t+1})=\left[\frac{D_0^{t+1}(x_{t+1},\ y_{t+1})}{D_0^{t+1}(x_t,\ y_t)}\times\frac{D_0^t(x_{t+1},\ y_{t+1})}{D_0^t(x_t,\ y_t)}\right]^{1/2} \tag{4-4}$$

式中：$D_0^t(x_t,\ y_t)$，$D_0^{t+1}(x_{t+1},\ y_{t+1})$ 分别表示生产点在同一生产期、同一技术前沿面的投入距离函数；$D_0^t(x_{t+1},\ y_{t+1})$，$D_0^{t+1}(x_t,\ y_t)$ 分别表示生产点在不同生产期、同一技术前沿面的投入距离函数。同样由于 DEA 的优越性，Färe et al.（1994）将 Malmquist 生产率指数分解成技术效率变动指数（effch）和技术进步变动指数（techch），其中技术效率变动指数（effch）可以进一步分为纯技术效率变动指数（pech）和规模效率变动指数（sech）。即

$$M_0(x_t,\ y_t,\ x_{t+1},\ y_{t+1})=\underbrace{\underbrace{\frac{S_0^t(x_t,\ y_t)}{S_0^t(x_{t+1},\ y_{t+1})}}_{\text{sech}}\times\underbrace{\frac{D_0^t(x_{t+1},\ y_{t+1})}{D_0^t(x_t,\ y_t)}}_{\text{pech}}}_{\text{effch}}\times \underbrace{\left[\frac{D_0^t(x_{t+1},\ y_{t+1})}{D_0^{t+1}(x_{t+1},\ y_{t+1})}\times\frac{D_0^t(x_t,\ y_t)}{D_0^{t+1}(x_t,\ y_t)}\right]^{1/2}}_{\text{techch}} \tag{4-5}$$

随后，由于环境污染问题会产生“坏”产出，而传统的 Malmquist 生产率指数无法衡量非期望产出对生产率的影响。鉴于此，Chambers et al.（1996）提出了 Luenberger 生产率指数来解决这一问题，该方法可以同时考虑投入的减少和产出的增加的情形，并且无须事先设定测度角度，因而得到了学者们的广泛应用。Grosskopf（2003）为了更好地分析生产率的变化，进一步将 Luenberger 生产率指数分解为纯效率变化、纯技术进步、规模效率变化以及技术规模变化。此外，在将环境因素纳入生产率分析框架时，Chung et al.（1997）进一步构建了 Malmquist-Luenberger 生产率指数（ML 指数），即从非径向的角度、

结合方向性距离函数对生产率进行评估，拓展了 Malmquist 生产率指数法。然而，与 Luenberger 生产率指数相比，ML 指数并不具有一般性。主要是因为在运用该指数测算生产率时，需要明确指数的建立是以成本最小化为前提，还是以投入最大化为前提，即需要事先选择指数模型的具体类别。

（三）半参数法

半参数法的原理是在生产函数中同时纳入参数关系与非参数关系两种关系，然后进行估计。具体而言，在产出及其主要影响因素之间建立参数关系，在产出及其他未知影响因素之间建立非参数关系，主要包括 OP 法和 LP 法。

1. OP 法

Olley et al.（1996）提出了一种全新的半参数估计方法，简称 OP 法。其核心思路是：首先，采用企业投资变量来表征生产率的变化，并假定二者之间呈现严格的正相关关系，进而实现了生产函数方程的半参数形式。基于此，有效避免了生产率与要素投入之间的同步性问题，实现了劳动力要素的弹性系数的准确识别。其次，鉴于企业退出行为会导致样本选择性偏差问题，OP 法中通过设置企业生存概率方程实现有效解决，进而实现了资本投入的弹性系数、全要素生产率的有效估计。

2. LP 法

以 OP 法为代表的半参数估计方法在解决生产函数的同步性以及样本选择偏差等问题上取得了较大的进展。然而，OP 法中简单地将企业投资作为生产率冲击代理变量的做法存在一定的缺陷。Levinsohn et al.（2003）认为，企业投资并不能及时、准确地反映企业生产率的变化，主要是因为企业投资存在调整成本。因此，OP 法并没有很好地解决回归项和残差项之间的内生性问题。Levinsohn et al.（2003）进一步提出采用企业中间投入变量来表征企业生产率。主要认为，中间投入品在企业生产过程中是不可或缺的，并且中间投入品可以随时根据生产进行调整，因而可以更加准确地表示企业生产率变动，该方法被称为 LP 法。

OP 法和 LP 法得到广泛应用的同时，也受到了挑战。一些学者对其进行了拓展。Amiti et al.（2007）认为企业加入国际贸易市场会对其生产率产生冲击，即当进入国际市场存在沉没成本或生产率更高的企业参与到国际贸易中时，进口和出口就不再是外生变量。因此，Amiti et al.（2007）在 OP 法、LP 法的基础上，加入了国际市场以及经济冲击的影响，这一改进简称为 AK 法。Ackerberg et al.（2006）认为 LP 法存在严重的共线性问题，即企业中间投入与企业的资本、劳动力要素以及生产率息息相关。因此，通过放宽假设条件对其进行了改进，称为 ACF 法。

（四）现有测算方法的评价

参数法的优点比较鲜明：一是以夯实的经济理论为支撑；二是可以对比分析不同的样本。其缺点在于使用条件比较苛刻，如需要设定生产函数的具体形式和规模报酬约束条件等。同时，索洛余值法和 C-D 随机前沿生产函数法是以生产处于有效路径的假定为前提的。然而这些假定有可能与现实情况不符，一定程度上会造成主观设定偏误。因此，与参数法相比较，目前学术界测算服务业生产率更多地采用非参数法。

非参数法的理论基础是指数理论、线性规划理论等。因此，无须对生产函数进行限制，不仅避免了主观判断和客观要素单位对实证结果产生影响，而且避免了函数形式设定不准确产生估计偏差的问题。此外，非参数法建模的灵活性很大，可以很好地解决多投入与多产出决策单元的效率问题。非参数法的不足之处主要有两点：一是对数据样本范围、数据量的要求较高；二是结论不具有稳定性。这不仅会导致估计结果会随着样本的变化而变化，无法准确估计生产率，而且会导致非参数法测算的生产率无法在不同样本之间进行对比分析。

半参数法的优点不仅在于能够有效解决估计生产函数过程中的内生性问题，而且其兼具参数法和非参数法的优势，同时也与实际情况比较契合。因此，尽管目前关于半参数法估计的理论还不太成熟与完善，但近年来该方法受到了学术界的普遍重视与广泛应用。

总而言之，3 种方法具有各自的优点，在实际应用过程中，应根据样本特点、应用场景等进行选择。已有研究中，有学者对以上生产率测算方法进行了比较研究。如 van Biesebroeck（2007）以模拟数据为样本，分别使用指数法、OLS 法、DEA 法、GMM 法、OP 法和 SFA 法等 6 种方法对全要素生产率进行测算。结果显示：GMM 法测算的生产率结果最具有稳健性，尤其是存在测量误差和截面技术异质性时。然而如若测量误差过大，则会导致投入系数估计产生偏差。DEA 法可以很好地应对较小测量误差、规模报酬不变和截面技术异质性等问题。

二、本书服务业生产率的测算方法

测算企业生产率的估算方法主要包括固定效应法、GMM 法和半参数法等计量方法。传统的 OLS 法、FE 法在保留有效信息量、处理内生性问题等方面具有不足之处，因而在测算企业生产率中并未得到广泛使用（鲁晓东等，2012）。OP 法作为较早提出的半参数法，在解决内生性和选择性偏误问题方面具有明显优势，因而得到了广泛认同与使用。然而，OP 法计算企业生产率时，需要设置企业投资额作为生产率冲击的代理变量。因此，若样本中企业投资额缺失或者为负，则易出现数据样本减少影响估计结果准确性的情形，尤其是企业投资额缺失较为严重的时候。并且 Levinsohn et al.（2003）认为，企业投资存在调整成本，无法及时、准确地反映企业生产率的变化，即 OP 法中依然存在内生性问题。Levinsohn et al.（2003）提出将中间投入变量作为生产率的替代变量。同 OP 法相比，LP 法具有以下几个优点：其一，样本损失量小，数据的使用效率高。与企业投资额数据相比，中间品投入数据更易获取。其二，估计结果相对更加准确。与企业投资额相比，中间投入的调整周期更短、成本更低，可以更加全面反映企业生产率的变化。其三，在计算与操作上更加便捷。比如，在使用 LP 法计算企业生产率时，无须设置企业的退出变量。

考虑到本书样本中企业投资额缺失的企业占总样本的 37.1%，本书采用 LP 法测算服务业企业生产率。借鉴大多数研究者的做法，本书采用主营业务收入作为企业总产出，采用固定资产净值作为企业资本要素投入，采用企业员工人数作为企业劳动力要素投入，采用营业成本+销售费用+管理费用+财务费用-折旧摊销-支付给职工以及为职工支付的现金作为企业中间品投入（任胜钢等，2019；杨秀云等，2021）。

此外，本书第五章还采用了 OLS 法、FE 法、OP 法和 ACF 法计算企业生产率进行稳健性检验。其中，在使用 OLS 法和 FE 法测算服务业企业生产率的过程中，采用主营业务收入指标作为企业总产出，固定资产净额作为企业资本要素投入，企业员工数作为企业劳动力要素投入；在使用 OP 法、OP-ACF 法测算服务业企业生产率的时，企业总产出、资本要素投入、劳动力要素投入的量化方式不变，投资变量的计算是借鉴徐保昌等（2016）的研究，根据永续盘存法用 K 和折旧率推算，即 $I_t = K_t - K_{t-1} + D_t$，其中 D_t 表示折旧率。

第三节　服务业生产率水平的特征分析

现有研究中，根据企业生产率进行加总来分析整体行业生产率水平或地区层面水平的方法主要有两种。一是直接加权法，如 Hsieh et al.（2009）、杨汝岱（2015）。其中，权重主要包括企业增加值、总产值、员工人数、营业收入等指标。二是在假定行业替代弹性的前提下，通过 CES 生产函数计算权重，进而得到年度全要素生产率。本节将借鉴多数学者的做法，采用直接加权法来分析服务业行业以及地区层面生产率的趋势特征。其中，权重选取最为常用的行业增加值。此外，在时间趋势特征分析中同时采用了以就业人数为权重，简单平均方法计算服务业生产率，以进行验证。

一、服务业生产率水平的发展演进特征

（一）总体呈现波动上升趋势

样本期间企业生产率的分年度统计（图 4-8）显示，无论是采用均值处理，还是以就业人数、行业增加值为权重进行处理，服务业企业的生产率均呈波动上升趋势。

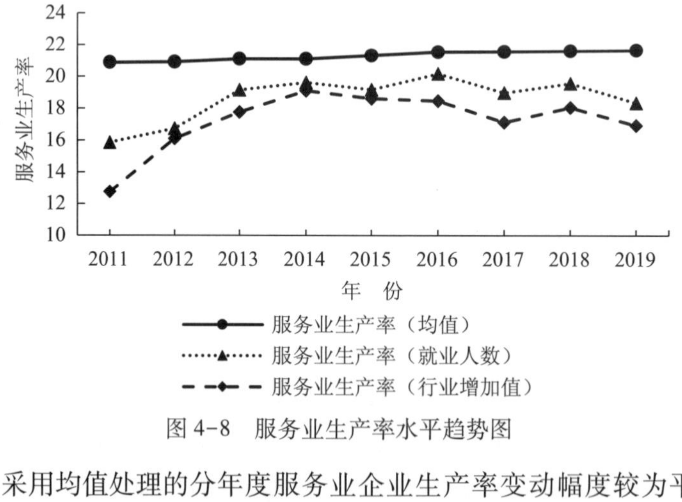

图 4-8　服务业生产率水平趋势图

总的来看，采用均值处理的分年度服务业企业生产率变动幅度较为平缓。2011 年服务业生产率为 20.87，2019 年增长至 21.66，增长了 3.79%。以就业人数、行业增加值为权重计算的分年度服务业生产率的波动浮动较大，且波动趋势基本一致，但是总体仍然呈现上升趋势。其中，2011 年以就业人数为权重的服务业生产率为 15.86，2019 年增长至 18.36，增长了 15.76%；2011 年以行业增加值为权重的服务业生产率为 12.74，2019 年增长至 16.92，增长了 32.81%。值得注意的是，从 2017 年开始，服务业生产率增长速度

放缓，甚至还出现了下降趋势。2017—2019 年以就业人数为权重的服务业生产率下降了 3.34%；以行业增加值为权重的服务业生产率下降了 1.23%；以均值处理的服务业生产率增长了 0.39%，远低于 2011—2016 年的增长速度。这与服务业数字化水平的增长趋势具有相似性，即 2017 年之后服务业数字化水平增长趋势也有所减缓。

（二）区域鸿沟现象显著

1. 南北地区差异明显

在服务业生产率方面，南北差异现象也是存在的。如图 4-9 所示，从整体来看，南北方地区的服务业生产率均呈波动上升趋势，并且南方地区的服务业生产率一直高于北方地区，但二者之间的差距呈缩小趋势。

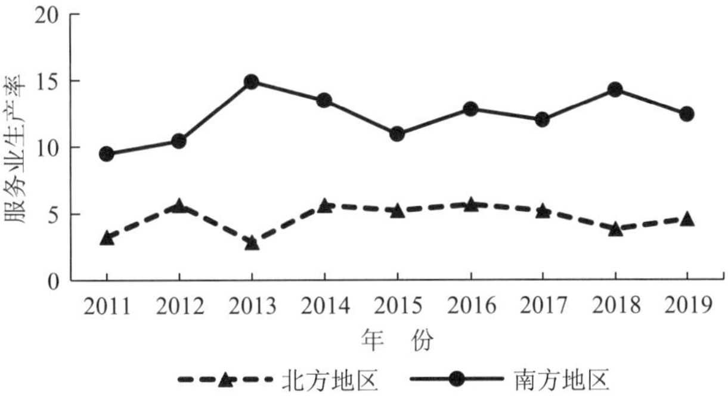

图 4-9　南北方地区服务业生产率水平趋势图

具体来看，2011 年南方地区服务业生产率为 9.48，2019 年为 12.34，增长了 30.17%。尽管个别年份的服务业生产率有所下降，尤其是 2013—2015 年，但是整体而言，南方地区的服务业生产率处于不断提升阶段。北方地区的服务业生产率水平也呈现出相同的趋势，2011—2019 年北方地区服务业生产率增长了 40.18%。进一步来看，南方地区的服务业生产率一直高于北方地区。2011 年南方地区服务业生产率是北方的 2.91 倍，2019 年是 2.70 倍。这主要是因为南方地区的经济发展水平相对较高，则其服务业发展的基础更加殷实，其生产率更高。不过值得指出的是，南北方地区之间的服务业生产率差距整体呈现缩小趋势。2011—2019 年南北方地区服务业生产率的差距缩小了 7.22%。

2. 胡焕庸线两侧地区差距过大

从区域层面来看，服务业生产率水平还呈现出由西北内陆向东南沿海逐渐上升的趋势，胡焕庸线布局明显。如图 4-10 所示，胡焕庸线东南侧地区的服务业生产率水平明显高于西北侧地区，并且差距呈现扩大趋势。

具体来看，2011—2019 年胡焕庸线东南侧地区的服务业生产率一直远远高于西北侧地区的服务业生产率水平。胡焕庸线东南侧地区的服务业生产率整体呈现波动上升的趋势。由 2011 年的 12.41 增长至 2019 年的 16.35，增长了 31.75%，增长趋势明显。然而，胡焕庸线西北侧地区的服务业生产率呈现出下降趋势。2011 年为 0.12，2019 年为 0.09，下降了 25.00%。值得关注的是，胡焕庸线两侧地区之间的服务业生产率差距过大，并且仍呈现加剧趋势。2011 年胡焕庸线东南侧地区的服务业生产率是西北侧地区的 103.42

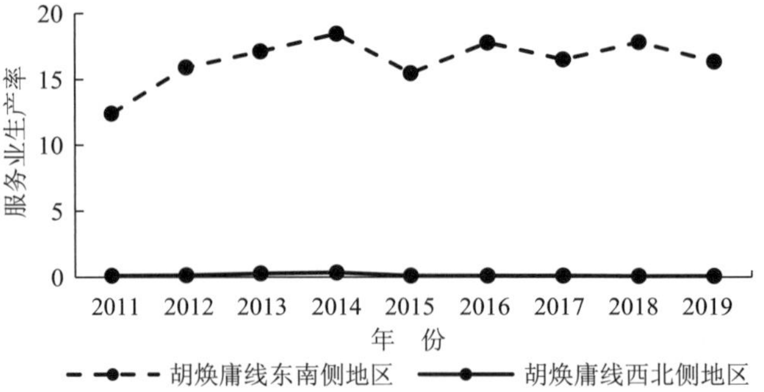

图 4-10　胡焕庸线两侧地区服务业生产率水平趋势图

倍，2019 年为 181. 67 倍，远高于 2011 年。这主要是因为，胡焕庸线两侧地区的经济发展水平差距显著，进而导致服务业的发展进程不同。

3. 东中西部地区差距较大

限于东中西部各个地区经济发展水平不同，服务业生产率呈现出鲜明的区域差异，总体呈现东部高于中西部、中西部水平相当的规律（图 4-11）。整体来看，东部地区服务业生产率水平呈现出波动上升趋势。由 2011 年的 11. 26 增长至 2019 年的 14. 75，增长了 30. 99%。自 2015 年以来，东部地区服务业生产率的增长速度呈现出逐渐放缓的特点。2011—2014 年服务业生产率的年均增长率为 13. 97%，2015—2019 年服务业生产率的年均增长率为 2. 05%，远低于前期增长率。此外，东部地区的服务业生产率一直高于中西部地区，且差距较为明显。2011 年，东部地区服务业生产率是中部地区的 12. 94 倍、西部地区的 18. 46 倍。2019 年，东部地区服务业生产率是中部地区的 15. 69 倍、西部地区的 11. 99 倍。进一步来看，中西部地区的服务业生产率水平呈现缓慢上升的趋势，并且水平基本相当。中部地区服务业生产率由 2011 年的 0. 87 增长至 2019 年的 0. 94，增长了 8. 05%。2011 年西部地区服务业生产率为 0. 61，略低于中部地区。2019 年西部地区服务业生产率为 1. 23，是中部地区的 1. 31 倍，增长了约 1 倍。

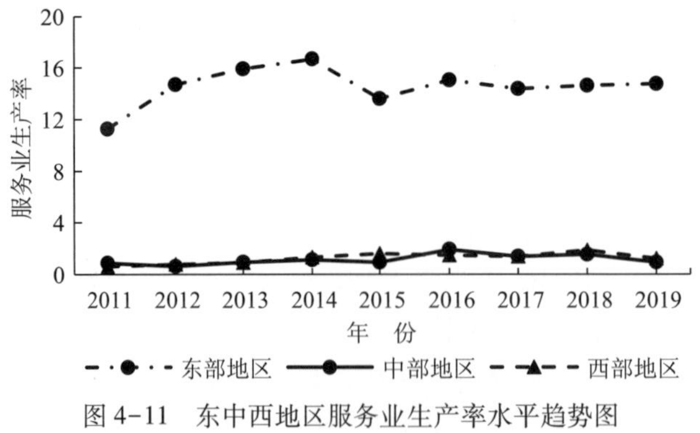

图 4-11　东中西地区服务业生产率水平趋势图

（三）国有企业生产率水平高于民营企业

企业所有制一直被认为是影响生产率的重要因素。本部分计算了服务业中国有企业、民营企业的生产率。如图 4-12 所示，服务业行业中国有企业、民营企业的生产率水平均呈波动上升趋势，并且国有企业的生产率水平高于民营企业，但二者之间的差距逐渐缩小。

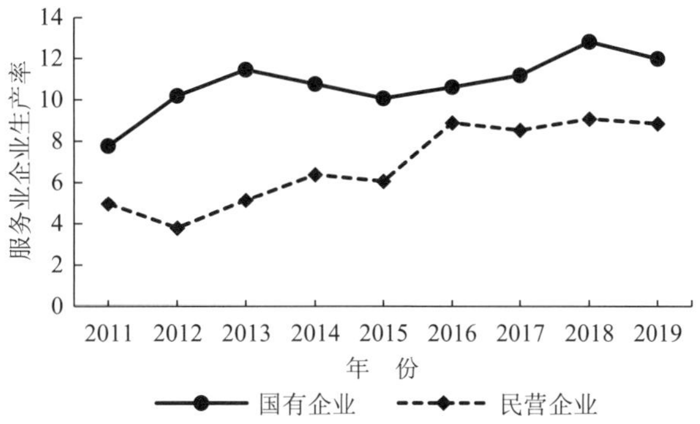

图 4-12　不同所有制服务业企业生产率水平趋势图

从整体来看，虽然服务业中国有企业的生产率在个别年份出现了下降，但是总体仍呈上升趋势，由 2011 年的 7.77 增长至 2019 年的 12.00，增长了近 54.44%。服务业中民营企业的生产率也表现出明显的上升趋势。2011 年民营企业的生产率为 4.97，2019 年增长至 8.84，增长了 77.87%。进一步来看，国有企业的生产率水平高于民营企业，但是二者之间的差距逐渐缩小。2011 年民营企业的生产率水平略低于国有企业，但民营企业的生产率水平增长速度表现出强劲之势。2011 年服务业中国有企业生产率是民营企业生产率的 1.56 倍，2019 年缩小至 1.36 倍。这也说明民营企业的发展取得了实质性进展。另外，本书认为国有企业的生产率水平相对较高的主要原因在于，本节考察的主要是进行数字化发展的服务业上市企业，国有企业在资金、人才、研发、技术等方面具有明显优势，因而其生产率水平相对较高。这与刘伊然（2021）的研究结论具有一致性。并且，这一现象与杨汝岱（2015）根据 LP 法测算制造业企业全要素生产率的结果也类似。

二、服务业生产率水平的行业特征

考虑到样本数据所包含行业的范围、数据的连续性，以及金融业财务报表的特殊性，为了更加精确地从企业层面衡量服务业生产率，此部分只分析信息传输、软件和信息技术服务业，租赁和商务服务业，科学研究和技术服务业，教育业，文化、体育和娱乐业，交通运输、仓储和邮政业，卫生和社会工作，房地产业，批发和零售业，水利、环境和公共设施管理业，住宿和餐饮业等 11 类服务业的生产率水平。

如图 4-13 所示，服务业分行业的生产率水平大致分为 3 类。第一类是高生产率水平的行业，包括信息传输、软件和信息技术服务业，科学研究和技术服务业，交通运输、仓储和邮政业，房地产业等行业。这些行业均为生产性服务业，并且多为技术、资本、知识密集型行业，相应的生产率也高于其他细分行业。第二类是中等生产率水平的行业，包括租赁和商务服务业，文化、体育和娱乐业。其中租赁和商务服务业属于生产性服务业；文化、体育和娱乐业属于生活性服务业，但是这个行业的数字化水平呈现出强劲的增长之势，带动了其生产率的提升。第三类是低生产率水平的行业，包括教育业，卫生和社会工作，批发和零售业，水利、环境和公共设施管理业，住宿和餐饮业。这类服务业提供的服务更具有生活化、人性化、差异化特征，服务过程更注重人与人之间的沟通，因而其生产率水平相对较低。

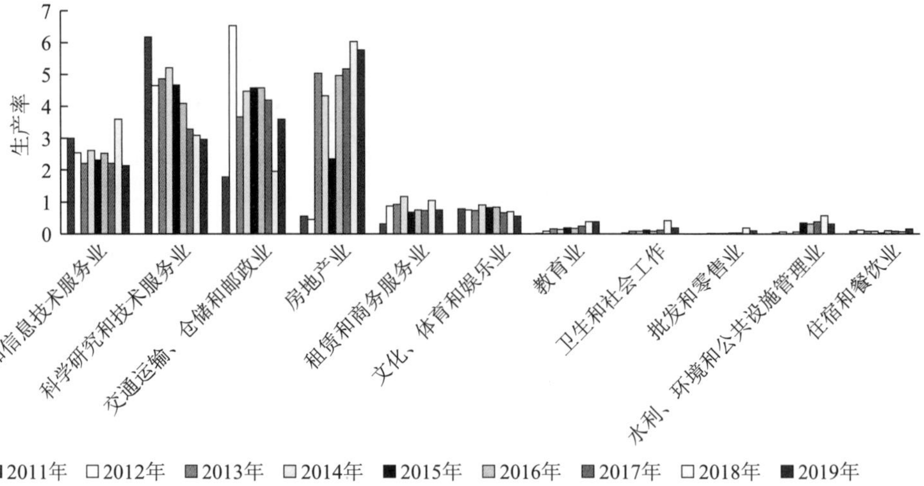

图 4-13　服务业细分行业生产率水平示意图

第五章 数字化影响服务业生产率的效应检验——基于上市公司样本数据

第三章构建了数字化影响服务业生产率的理论框架，包括内涵的界定、理论模型，以及详细分析了数字化影响服务业生产率的作用路径、调节机制，并探讨了影响机制在行业中的具体表现；第四章紧扣数字化和服务业生产率的内涵，在测算的基础上，分析了服务业数字化水平与生产率水平的发展演进特征及行业特征。本章则将基于 2011—2019 年中国服务业沪深 A 股上市公司的样本数据，实证检验数字化对服务业生产率的影响效应，并从企业、行业、地理区位等维度探究其异质性冲击。

第一节 计量模型构建与变量说明

接下来，将采用面板固定效应模型进行实证研究。本节首先构建固定效应模型，其次对所选变量的定义以及测算进行说明，最后介绍数据来源以及变量的描述性统计特征。

一、模型构建

为验证数字化对服务业生产率的影响，即验证数字化是否能够提升服务业生产率，本书构建如下基准模型：

$$\ln TFP\_LP_{it} = \alpha + \beta \ln digit_{it} + \gamma X_{it} + \delta_i + \eta_t + \mu_t + \upsilon_t + \varepsilon_{it} \qquad (5-1)$$

式中：i 表示企业，$i=1,2,\cdots,N$；t 表示时间，$t=1,2,\cdots,T$；$\ln TFP\_LP_{it}$ 表示服务业中 i 企业在 t 年的生产率；$\ln digit_{it}$ 表示服务业中 i 企业在 t 年的数字化水平；X_{it} 表示影响服务业企业生产率的其他变量，即控制变量；α 表示常数项；β 表示数字化变量的估计系数，表征数字化影响服务业生产率的程度，是本章关注的核心系数；γ 表示控制变量对服务业企业生产率的影响系数；δ_i 表示企业固定效应；η_t 表示年份固定效应；μ_t 表示行业固定效应；υ_t 表示省份固定效应；ε_{it} 表示随机误差项。

二、变量定义与测算

（一）被解释变量

服务业企业生产率（$\ln TFP\_LP$）为被解释变量，采用 LP 法进行测算，详细说明见第四章第二节，此处不再赘述。

（二）核心解释变量

服务业企业数字化水平（$\ln digit$）为核心解释变量，采用 CSMAR 数据库中企业数字化指标作为代理变量，详细说明见第四章第一节，此处不再赘述。

（三）控制变量

服务业企业生产率水平还会受到众多其他经济社会因素的影响。因此，为保证实证结果的可信性、合理性，参考以往研究（何小钢等，2019；赵宸宇等，2021；李治国等，2021），本书从企业、行业、区域3个层面选取控制变量。

1. 企业层面

1）企业规模（size），采用企业总资产的自然对数表示。企业规模是生产率的重要影响因素。一般而言，随着企业规模的扩张，劳动分工更加细化，平均成本逐渐降低，企业生产率会呈上升趋势（Lucas，1978）。

2）股权集中度（owncon），采用最大股东控股比例表示。关于股权集中度与服务业生产率关系的结论尚不统一。部分学者认为股权集中有利于提高股东的积极性，降低委托人和代理人效用最大化目标不一致以及代理成本突增的风险（惠士友，2014），有助于提升生产率。然而，也有学者认为股权集中度较高时，不仅存在中小股东利益受损的可能，而且会存在人员任用与管理的不合规现象，这会造成企业管理效率低下，制约企业的发展（刘茂平，2010）。

3）资产负债率（finance），采用总负债与总资产的比值表示。资产负债率代表企业融资约束状况，会直接影响企业生产率。大部分研究认为企业资产负债率越高，意味着资金可获得性越高。这保障了企业的资本投入，有利于其经营活动做出最优决策，进而提升生产率（赵宸宇等，2021）。也有研究认为资产负债率对生产率有负向影响或不会有显著影响（Paulo et al.，2007）。

4）企业年龄（age），采用当年年份-成立年份+1表示。关于企业年龄与企业生产率之间关系的结论尚不统一。部分学者认为随着企业年龄的增长，生产率呈下降趋势。主要是因为，与新成立的企业相比，成立较久的企业路径依赖性会增强，学习与应用新技术的能力会变差，缺乏创新能力（余林徽等，2014）。相反，其他学者认为随着企业经营时间的增加，"干中学"效应会增加企业关于新技术的探索与积累，进而提升生产率（赵宸宇等，2021）。

5）流动比率（liquid），采用流动资产与总资产的比值表示。企业流动资产占比越高，表明企业所面临的资本约束越小，资本配置效率越高，有利于提高企业生产率。

6）企业性质（owner），采用0或1变量表示，其中1表示国有企业，0表示民营企业。企业的所有制不同，其发展目标与规划往往也不同。因此，企业所有制是影响其生产率的重要因素。部分学者认为民营企业更有活力，其生产率也更高（刘乐，2018）。然而也有学者认为，国有企业进行改革以来有了明显提升，包括生产率方面，并且与民营企业相比，国有企业在规模、资金、政策等方面具有优势，这也为研发活动奠定了坚实的基础（马荣，2011）。

7）总资产收益率（ROA），采用净利润与资产总额的比值表示。总资产收益率是企业盈利能力的体现。一是企业盈利水平的提高有利于积累和吸引更多的资本投入，如引进高新技术、高端人才，进而提升生产率。二是较高的盈利水平为员工的福利提供了保障，调动了员工工作积极性，进而提升生产率。

8）固定资产比例（fix），采用固定资产净值与总资产的比值表示。固定资产是服务业企业提供服务过程中必不可少的物质条件。物质条件越加完善，越有助于提高服务的供给效率与水平。

9）董事会规模（board），采用董事会人数+1后取自然对数来刻画。董事会规模对服务业生产率的影响方向具有不确定性。一方面，董事会人数越多，避免了董事独断专行的可能，有利于企业朝着更好方向发展，提高生产率；另一方面，董事会人数过多，有可能会出现关于企业发展规划不一致的局面，反而会对生产率造成负面影响。

2. 行业层面

1）服务业集聚水平（ass），采用区位熵作为服务业集聚水平的代理变量。计算公式为：$\text{ass}_i=(s_i/s)/(x_i/x)$。式中：$s_i$ 表示省份 i 服务业就业人数；s 表示全国服务业就业人数；x_i 表示省份 i 总就业人数；x 表示全国就业人数。目前，关于产业集聚影响生产率的方向尚不确定。

2）服务业开放水平（trade），以服务业贸易额占服务业 GDP 的比例作为替代变量。服务业开放在一定程度上会导致服务业企业之间的竞争更加激烈，企业为提高自身市场地位以及进入国际市场，往往会提高自身生产率（李眺，2016）。

3）服务业产业结构（struc），采用生产性服务业就业人员与服务业全行业就业人员的比值来测算服务业结构（伏开宝等，2021）。其中，参考已有研究（惠炜等，2016），将交通运输、仓储和邮政业，信息传输、软件和信息技术服务业，科学研究和技术服务业，金融业，租赁和商业服务业视为生产性服务业。生产性服务业大部分属于知识、技术和资本密集型产业，生产率水平相对较高。因此生产性服务业占比越大越有利于提高服务业生产率。

4）服务业发展水平（gdps），采用第三产业 GDP 与总 GDP 的比值表示。在服务业发展水平较高的地区，一方面资本、劳动力等要素更加充足，另一方面企业面临的营商环境更加优越，因而有利于提高企业生产率。

3. 区域层面

1）开放程度（fdi），采用外商实际投资额与 GDP 比值衡量，其中各省份历年外商直接投资（FDI）按当年汇率计算，并以 2011 年不变价格指数进行折算。改革开放以来，与发达国家之间的经济技术交流逐渐加强，这有利于提升服务业生产率。

2）城镇化水平（urban），采用经济城镇化指标作为城镇化水平的代理变量，具体计算方式为非农产业生产总值除以国内生产总值（赵若锦，2017）。在不存在资源增长的情况下，资源配置效率的优化，比如资源从生产率低的部门流向生产率高的部门，也会提升生产率。伴随着城镇化的推进，劳动力资源会逐渐从第一产业流向第二与第三产业，这会对生产率产生积极的影响。

3）人力资本（human），以各省份就业人员的平均受教育年限作为替代变量，具体计算公式为：平均受教育年限=小学比例×6+初中比例×9+高中比例×12+大专及以上学历比例×16（项松林，2020）。平均受教育年限在一定程度上代表着专业技术水平，受教育年限越长的劳动力更容易吸收、利用新技术，工作效率越高。

三、数据来源与描述性统计

本书以2011—2019年中国服务业沪深A股上市公司作为基础样本，并做如下处理：一是保留证监会一级行业分类为服务业的样本；二是剔除带有ST、ST*，以及数据缺失严重的样本；三是考虑到金融业的财务报表与其他行业财务报表内容差距较大，避免生产率测算产生偏差，因此剔除金融业；四是采用Winsor剔除变量最高和最低两端各1%的极端值。最后得到有效样本3412个，覆盖30个省份，11类服务业。具体而言，包括批发和零售业，交通运输、仓储和邮政业，住宿和餐饮业，信息传输、软件和信息技术服务业，房地产业，租赁和商务服务业，科学研究和技术服务业，水利、环境和公共设施管理业，教育业，卫生和社会工作，文化、体育和娱乐业等服务业。

数据来源主要包括3部分：一是企业层面的数据主要来源于CSMAR、CNRDS以及Wind数据库。具体包括财务报表、财务报表分析、财务报表附注、上市公司研发创新、上市公司基本信息、数字经济等子库。二是行业、区域层面的数据主要来源于历年《中国统计年鉴》《中国劳动统计年鉴》《中国第三产业统计年鉴》以及各省份统计年鉴。三是各省份的服务业贸易额主要来源于《中国商务年鉴》、各省份商务部（厅）、各省份服务贸易发展报告、各省份商务年度综合分析报告、中国服务贸易指南网等，其中个别缺失值采用插值法处理。变量的描述性统计见表5-1。

表5-1　变量的描述性统计表

变量	含义	观测值个数	均值	标准差	最小值	最大值
ln TFP _ LP	服务业生产率	3412	21.3800	1.5570	17.8100	25.7100
ln digit	服务业企业数字化水平	3412	2.6337	1.1856	0.6931	5.2149
size	企业规模	3412	22.2900	1.3590	18.6500	28.1800
owncon	股权集中度	3412	0.3295	0.1505	0.0476	0.8553
finance	资产负债率	3412	0.4190	0.2190	0.0110	3.5130
age	企业年龄	3412	18.4800	5.9530	4.0000	41.0000
liquid	流动比率	3412	0.0268	0.0355	0.0015	0.8670
owner	企业性质	3412	0.3300	0.4700	0.0000	1.0000
ROA	总资产收益率	3412	0.0407	0.0844	-1.5790	0.6690
fix	固定资产比例	3412	0.1310	0.1490	0.0002	0.8530
board	董事会规模	3412	2.2400	0.1820	1.6090	2.8330
ass	服务业集聚水平	3412	1.1550	0.3910	0.5690	2.0950
trade	服务业开放水平	3412	0.2480	0.2100	0.0001	0.7950
struc	服务业产业结构	3412	0.2070	0.1100	0.0803	0.4450
gdps	服务业发展水平	3412	0.5608	0.1360	0.2970	0.8350
fdi	开放程度	3412	0.0243	0.0130	0.0003	0.1840
urban	城镇化水平	3412	0.6988	0.1322	0.3496	0.8960
human	人力资本	3412	10.6800	1.4200	7.9450	13.460

第二节　实证结果及分析

本节将按照上一节的模型设定，对数字化如何影响服务生产率进行由浅入深的研究。首先从整体上检验数字化对服务业生产率的效应；其次采取核心解释变量滞后项、历史工具变量法进行内生性分析；最后采用更换服务业企业生产率测算方法、替换核心解释变量、改变样本区间范围、更换标准误的聚类层面等多种策略进行稳健性分析，以确保经验证据的准确性与可靠性。

一、基准回归结果分析

为更加准确检验数字化对服务业生产率的影响效应，本书在固定企业效应、时间效应的基础上，依次纳入企业层面、行业层面、区域层面的控制变量。进一步，在全部纳入控制变量以后，依次纳入行业固定效应、省份固定效应。估计结果如表 5-2 所示。

表 5-2　数字化对服务业生产率的影响：基准回归结果表

变量	(1)	(2)	(3)	(4)	(5)	(6)
	FE①	FE	FE	FE	FE	FE
ln dig*it*	0.125***	0.036***	0.035***	0.036***	0.036***	0.036***
	(0.014)	(0.010)	(0.010)	(0.010)	(0.010)	(0.010)
size		0.869***	0.869***	0.869***	0.869***	0.869***
		(0.019)	(0.019)	(0.019)	(0.019)	(0.019)
owncon		0.003*	0.003*	0.003*	0.003*	0.003*
		(0.001)	(0.001)	(0.001)	(0.001)	(0.001)
finance		0.447***	0.446***	0.434***	0.434***	0.434***
		(0.075)	(0.075)	(0.076)	(0.076)	(0.076)
age		0.016***	0.017*	0.027**	0.027**	0.027**
		(0.006)	(0.010)	(0.011)	(0.011)	(0.011)
liquid		-0.022***	-0.022***	-0.023***	-0.023***	-0.023***
		(0.003)	(0.003)	(0.003)	(0.003)	(0.003)
owner		0.097**	0.095**	0.095**	0.095**	0.095**
		(0.039)	(0.039)	(0.039)	(0.039)	(0.039)
ROA		0.625***	0.626***	0.619***	0.619***	0.619***
		(0.106)	(0.106)	(0.106)	(0.106)	(0.106)
fix		0.306**	0.297**	0.297**	0.297**	0.297**
		(0.121)	(0.121)	(0.121)	(0.121)	(0.121)
board		-0.029	-0.025	-0.021	-0.021	-0.021
		(0.074)	(0.074)	(0.074)	(0.074)	(0.074)
ass			0.043	0.062	0.062	0.062
			(0.084)	(0.085)	(0.085)	(0.085)

续表

变量	(1)	(2)	(3)	(4)	(5)	(6)
	FE	FE	FE	FE	FE	FE
trade			0. 267* (0. 137)	0. 298** (0. 138)	0. 298** (0. 138)	0. 298** (0. 138)
struc			-0. 052 (0. 605)	-0. 697 (0. 708)	-0. 697 (0. 708)	-0. 697 (0. 708)
gdps			0. 022 (0. 188)	0. 195 (0. 224)	0. 195 (0. 224)	0. 195 (0. 224)
fdi				-0. 269 (0. 705)	-0. 269 (0. 705)	-0. 269 (0. 705)
urban				-0. 708* (0. 387)	-0. 708* (0. 387)	-0. 708* (0. 387)
human				0. 030 (0. 038)	0. 030 (0. 038)	0. 030 (0. 038)
_ cons	20. 370*** (0. 047)	1. 426*** (0. 415)	1. 222 (0. 795)	3. 130** (1. 484)	3. 130** (1. 484)	3. 130** (1. 484)
N	3412	3412	3412	3412	3412	3412
adj-R^2	0. 400	0. 708	0. 708	0. 709	0. 709	0. 709
F (Prob>chi2)	0. 0000	0. 0000	0. 0000	0. 0000	0. 0000	0. 0000
时间效应	是	是	是	是	是	是
企业效应	是	是	是	是	是	是
行业效应	否	否	否	否	是	是
省份效应	否	否	否	否	否	是

注：①FE 表示固定效应模型，余同。

*、**、***分别表示在 10%、5%、1%水平下显著；（）内数值为企业层面的聚类稳健标准误。

由表 5-2 的回归结果可以发现，无论是否纳入控制变量、行业固定效应、省份固定效应，数字化对服务业生产率的提升效应均显著存在。具体来看，列（1）显示，在未加入控制变量时，数字化程度每深化 1 个百分点，服务业生产率显著提升 0. 125 个百分点。列（2）显示，当加入企业层面的控制变量之后，数字化显著提升服务业生产率的观点依然成立。具体而言，数字化对服务业生产率的影响系数显著为 0. 036，并且可调整 R^2 的系数由 0. 400 提高至 0. 708。列（3）显示，当加入行业层面的控制变量之后，数字化对服务业生产率的影响并未发生根本性的变化。列（4）显示，将企业、行业、区域层面的控制变量全部纳入计量模型之后，数字化仍显著提升了服务业生产率，影响系数为 0. 036，且通过了 1%水平下的显著性检验。进一步，依次固定行业效应（列（5））、省份效应（列（6））后，数字化对服务业生产率的提升效应依然存在，并且数字化对服务业生产率的影响系数均显著为 0. 036。

这主要是因为，在服务业中，劳动力是主要的生产要素。因此，在很多提供服务的过程中，存在着“同时同地”要求的限制，比如艺术表演、家政服务、教育等一致被认为属于生产率较低的服务业。在数字化时代，数据要素加入了原有生产要素的行列。在服务业中，数据要素的出现改变了服务业的部分传统性质，极大地提高了其生产率。一方面，服务供给自动化，比如无人超市、智能快递车，极大地降低了服务交易成本，提高了交易效率。另一方面，数据要素消除了服务供给中时间与空间的制约。数据的有效传播突破了地理距离的制约，不仅升级了原有的服务形式，而且催生出新业态、新模式。这不仅使原本不可储存、不可贸易的服务在数字平台上得以实现，而且拓宽了服务供给范围，均可提高服务供给效率。此外，数字技术对传统时空限制的改变也赋予了服务可存储性与跨区域供给的特征，实现了服务供给与需求的分离，这有利于提升服务供给与需求的交易匹配效率。

此外，列（6）的估计结果显示各个控制变量对服务业生产率有着不可或缺的影响。其中，企业规模（size）、股权集中度（owncon）、资产负债率（finance）、企业年龄（age）、企业性质（owner）、总资产收益率（ROA）、固定资产比例（fix）、服务业开放水平（trade）等变量对服务业生产率有着显著的正向影响；流动比率（liquid）、城镇化水平（urban）对服务业生产率有着显著的负向影响；董事会规模（board）、服务业集聚水平（ass）、服务业发展水平（gdps）、服务业产业结构（struc）、开放程度（fdi）、人力资本（human）等变量对服务业生产率的影响并不显著。具体来看：

1）从对服务业生产率有着显著正向影响的控制变量来看：企业规模（size）每增加1个百分点，服务业生产率增长0.869个百分点，并且通过了1%水平下的显著性检验。这与企业生命周期理论是一致的。规模经济的存在意味着，随着企业规模的扩张，企业的成本会呈现下降趋势，企业生产率会呈现上升趋势。股权集中度（owncon）对服务业生产率的影响系数显著为0.003。股权集中度越高越有利于限制管理层自利行为，降低委托代理所产生的信息不对称，提高企业的管理效率。进一步来说，管理效率的提升有利于增强企业创新的动力，提升企业生产率。资产负债率（finance）越高，服务业企业的生产率也越高，影响系数在1%水平下显著为0.434。这也证实了企业资金投入的充足为企业做出最优决策提供了保障，有利于提升企业生产率。企业生产率对企业年龄（age）的弹性系数显著为0.027，这与预期也较为一致。随着企业经营时间的增加，“干中学”效应逐渐显现，企业关于新技术、新知识的探索与积累会帮助其精准把握市场动向、满足消费者需求，这将有利于提升其自身生产率。企业性质（owner）对服务业生产率的影响系数表明，与民营企业相比，国有企业生产率更高。这主要是因为，国有企业在企业规模、政策支持、资金等方面的支持有利于企业的发展，加之国有企业改革成效显著，生产率自然提高（赵宸宇等，2021）。总资产收益率（ROA）每提高1个百分点，企业生产率显著提升0.619个百分点。这意味着企业盈利水平为积累和吸引更多的资本，引进高新技术、高端人才，提高员工的积极性提供了保障，有利于提高生产效率。随着固定资产比例（fix）的增加，服务业企业生产率随之提升。服务业企业固定资产增加一定程度上表征着提供服务的物质条件越加完善，这有助于提高服务的供给效率与水平。服务业开放水平（trade）对服务业生产率的弹性系数为0.298，这与理论预期也是相一致的。服务业开放会加剧竞争，促使企业引进先进技术、提高管理效率、增加创新投入以提高在国际市场的竞争力，这均会对服务业生产率产生积极影响。

2）从对服务业生产率有着显著负向影响的控制变量来看：流动比率（liquid）对服务业生产率的影响系数为-0.023，且通过了1%水平下的显著性检验。可能的原因是，企业流动资产占比越高表明企业所面临的资本约束越小，即在需要资金时可以立即变现其流动资产。因此企业更加愿意去从事提高生产率的经营活动，但这些经营活动往往伴随着高不确定性、高风险性，所以最终不一定对企业生产率产生显著的积极影响。城镇化水平（urban）对服务业生产率的影响系数显著为-0.708。可能的原因是，伴随着城镇化水平的提高，消费者的需求会升级，消费者的异质性偏好逐渐显现，个性化需求越来越多，对服务的供给提出了更多、更高的要求，难以形成规模效应，从而并不利于服务业生产率的提升。

3）从对服务业生产率有不显著影响的控制变量来看：董事会规模（board）对企业生产率的影响系数为负，但是并未通过显著性检验。主要的原因是董事会人数过多，有可能会出现关于企业发展规划不一致的局面，会对生产率造成负面影响，但是也避免了董事独断专行的可能，有利于企业朝着更好方向发展。因此，董事会规模对生产率的影响具有不确定性。服务业集聚水平（ass）、服务业发展水平（gdps）对服务业生产率的影响并未通过显著性检验，但是影响方向依然为正。服务业产业结构（struc）对服务业生产率的影响系数为负，未通过显著性检验。开放程度（fdi）并不会对服务业生产率产生显著的影响。可能的原因是，虽然区域的开放程度会为服务业的发展提供一定的便利条件，但是区域的开放程度并不完全代表服务业的开放程度。服务业生产率对人力资本（human）的弹性系数为0.030，虽然并未通过显著性检验，但影响方面仍为正向影响。主要的原因可能是，区域层面的人力资本水平的提高，并不意味着高水平的人才全部流向服务业。

二、内生性分析

需要指出的是，在上述模型估计中可能存在内生性问题，这会造成模型估计偏误，进而影响研究结论的准确性与科学性。已有研究表明，内生性问题的来源主要包括遗漏控制变量、测量误差和双向因果关系3类（蔡万象等，2021）。在前文的分析中，虽然控制了企业、行业、省份层面的其他变量以及时间、企业、行业、省份固定效应，但仍然存在漏掉部分难以刻画变量的可能。并且，数字化与服务业生产率之间也可能存在着双向因果关系。比如，一方面，服务业生产率水平一定程度上表征着当地经济发展水平，而经济发展水平是数字化的基础，这就可能会导致服务业生产率对企业以及地区的数字化水平产生影响。另一方面，服务业生产率的高低在某种程度上代表着技术水平的强弱，而技术水平是推动企业数字化水平与地区数字化进程的重要动力（杨慧梅等，2021）。

因此，为避免估计偏误，本书采取两种策略进行内生性检验：一是采用滞后一期的数字化水平作为核心解释变量重新进行估计。其理论根源在于，当前的服务业生产率水平不可能对过去的数字化水平产生影响。因而剔除了双向因果关系导致内生性问题的可能。换言之，如果滞后一期的数字化水平对服务业生产率的影响依然显著，则说明上述实证结论具有科学性。二是采用工具变量模型重新进行估计。工具变量模型是解决内生性问题的常见方法，也得到了大量学者的认可（Shaver，2020）。

首先，借鉴韩先锋等（2019）的研究，采用滞后一期的数字化水平作为核心解释变量进行重新估计，估计结果如表5-3中的列（1）所示。结果显示，滞后一期的数字化水平对服务业生产率的影响系数为0.036，且通过了1%水平下的显著性检验。这与表5-2

中的列（6）的数字化系数并无较大差异。换言之，基准回归中的实证研究结论具有准确性与科学性。在数字化时代，一方面，服务供给自动化的实现可以有效降低服务交易成本，提高服务交易效率；另一方面，新形式服务的出现不仅拓宽了服务供给的范围与种类，而且扩大了服务供给与需求的搜寻匹配范围，提高了服务供给与需求的匹配精准度，这均有利于提升服务业生产率。

表 5-3　数字化对服务业生产率的影响：内生性分析结果表

变量	(1)	(2)	(3)	
	FE 滞后一期	Ⅳ[①]滞后二期	Ⅳ第一阶段	Ⅳ第二阶段
L. ln $digit$	0.036*** (0.011)			
ln $digit$		0.244* (0.131)		0.588*** (0.114)
yzjh			0.184*** (0.041)	
size	0.848*** (0.024)	0.812*** (0.043)		-0.523 (0.364)
owncon	0.004** (0.002)	0.006*** (0.002)		0.058*** (0.019)
finance	0.283*** (0.088)	0.204* (0.105)		2.178** (0.983)
age	0.028* (0.015)	-0.023 (0.027)		0.069 (0.476)
liquid	-0.022*** (0.004)	-0.027*** (0.006)		0.449* (0.258)
owner	0.092* (0.055)	0.093* (0.051)		-0.609 (0.419)
ROA	0.484*** (0.114)	0.290** (0.136)		1.230 (1.060)
fix	0.336** (0.162)	0.587*** (0.189)		0.151 (0.111)
board	0.049 (0.087)	-0.013 (0.127)		-2.818*** (0.961)
ass	0.074 (0.092)	-0.054 (0.117)		-1.536* (0.919)
trade	0.143 (0.162)	0.074 (0.197)		-0.492 (0.318)
struc	0.358 (0.917)	2.779* (1.651)		0.216 (1.192)

续表

变量	(1)	(2)	(3)	
	FE 滞后一期	Ⅳ滞后二期	Ⅳ第一阶段	Ⅳ第二阶段
gdps	0. 122 (0. 293)	0. 224 (0. 337)		0. 112** (0. 055)
fdi	-1. 138 (0. 922)	0. 050 (0. 988)		-7. 044 (7. 125)
urban	-0. 357 (0. 512)	0. 123 (0. 656)		-0. 144** (0. 061)
human	0. 056 (0. 044)	0. 080 (0. 051)		1. 691 (3. 890)
_ cons	1. 832 (1. 943)	0. 013 (2. 508)		
N	2318	2029	3412	3412
F (Prob>chi2)	0. 685	0. 0000	0. 0000	0. 0000
识别不足检验		18. 381 [0. 0000]		19. 963 [0. 0000]
弱工具变量检验		18. 335 {16. 380}		19. 932 {16. 380}
时间效应	是	是	是	是
企业效应	是	是	是	是
行业效应	是	是	是	是
省份效应	是	是	是	是

注：①Ⅳ表示工具变量法，余同。

*、**、***分别表示在 10%、5%、1%水平下显著；( ) 内数值为企业层面的聚类稳健标准误；识别不足检验使用 Anderson canon. corr. LM 统计量，其中 [ ] 内的数值为 *P* 值；弱工具变量检验使用 Cragg-Donald Wald F 统计量，其中 { } 内数值为 Stock-Yogo 弱识别检验 10%水平上的临界值。

其次，通过选取满足相关性、排他性的多个工具变量，采用工具变量模型进行重新估计。一是借鉴赵璨等（2020）、赵宸宇等（2021）的研究，采取数字化变量的滞后二期作为数字化水平的工具变量。一方面，满足工具变量的相关性。即以往数字化水平是推进现在数字化进程的基石与支撑；另一方面，满足工具变量的排他性。数字化的滞后二期对服务业生产率的直接影响会越来越弱，更多的是通过当前的数字化水平作用于服务业生产率。如表 5-3 的列（2）的估计结果显示，工具变量识别不足检验（Anderson canon. corr. LM 检验）及弱工具变量检验（Cragg-Donald Wald F 检验）结果均证明了数字化变量的滞后二期满足工具变量的有效性。此外，表 5-3 的列（2）显示，服务业生产率对数字化的弹性系数在 10%水平下显著为 0. 244。可见，数字化对服务业生产率存在显著提升效应的结论依然成立。而且，在工具变量模型估计下，数字化的影响系数大于固定效应模型中的系数 0. 036。这表明，计量模型的内生性问题会低估数字化对服务业生产率的提升作用。二是借鉴赵涛等（2020）、袁淳等（2021）的方法，采用各省份在 1988 年的邮电历史数据作为数字化水平的工具变量。一方面，选取的工具变量满足相关性要求。现代信息网络、信息通信技术是数字化发展的重要载体，也是数字化推动效率提升的重要手段。并且现代信息网络、信息通信技术的发展是以原有的信息通信基础设施以及传统信息通信技术为基础的，是原有设施及技术的升级形态。这一点在表 5-3 的列（3）的第一阶段估计结果中也得到验证，工具变量对数字化水平的影响系数显著为 0.184。另一方面，选取的工具变量满足排他性要求。随着经济与技术的发展，传统信息通信基础设施，包括固定电话、邮局、信箱等，对服务业生产率的影响会随着使用频率的减少而呈现下降趋势，只能通过其迭代升级的形式对服务业生产率产生影响。此外，工具变量为截面数据，是无法直接与面板数据相结合的，因此，借鉴 Nunn et al.（2014）的研究，将工具变量与可随时间变化的变量相结合，即本书中数字化水平的工具变量为 1988 年各省份每万人邮政局所的数量与上一年全国互联网宽带接入端口数量的交互项（yzjh）。表 5-3 的列（3）中第二阶段的估计结果显示：其一，工具变量识别不足检验（Anderson canon. corr. LM 检验）及弱工具变量检验（Cragg-Donald Wald F 检验）结果均证明了数字化工具变量的有效性。其二，数字化进程每深化 1 个百分点，服务业生产率显著提升 0.588 个百分点，佐证了前文的结论。而且，在此工具变量模型估计下，数字化的影响系数也大于固定效应模型中的系数 0.036。同样表明，计量模型的内生性问题会低估数字化对服务业生产率的提升作用。

三、稳健性检验

上述回归结果均表明数字化能够显著提升服务业生产率。进一步来说，考虑到估计模型结果可能会存在变量测量是否准确、估计结论是否对特定方法或工具变量成立、只在特定研究区间成立等问题，本小节将展开更换服务业企业生产率测算方法、替换核心解释变量、改变样本区间范围、更换标准误的聚类层面等一系列的稳健性检验，以确保实证研究结果的可靠性。

（一）更换服务业企业生产率测算方法

服务业企业生产率是本书的被解释变量。因此，为避免测算服务业企业生产率过程中产生偏误，进而影响估计结果，本部分将分别采用 OLS 法、固定效应法、OP 法及 ACF 法等重新测算服务业企业生产率，重新考察数字化对服务业生产率的影响效应。测算方法已在第四章第二节中进行了详细说明，此处不再赘述。

由表 5-4 的估计结果可知，无论采用何种方法测算服务业企业生产率，数字化对服务业生产率有着显著提升作用的结论依然成立。即在数字化时代，服务供给的自动化以及新形式服务的出现均可提升服务业生产率。具体来看，列（1）显示，在使用 OLS 法测算服务业企业生产率时，数字化对服务业生产率影响系数显著为 0.004。列（2）显示，在使用 FE 法测算服务业企业生产率时，数字化对服务业生产率影响系数以及显著性水平发生了些许变化，但数字化仍然是服务业生产率的主要推动力。列（3）显示，在使用 OP 法测算服务业企业生产率时，数字化对服务业生产率的提升效应变大，影响系数为 0.008，且通过了 1% 水平下的显著性检验。列（4）显示，在使用 OP-ACF 法测算服务业企业生产率时，数字化进程推进 1 个百分点，服务业生产率提高 0.005 个百分点。列（5）显示，在使用 LP-ACF 测算服务业企业生产率时，数字化对服务业生产率的影响系数显著为 0.003。

表 5-4 数字化影响服务业生产率的稳健性检验：更换服务业企业生产率测算方法结果表

变量	(1)	(2)	(3)	(4)	(5)
	ln TFP _ OLS	ln TFP _ FE	ln TFP _ OP	ln TFP _ OP-ACF	ln TFP _ LP-ACF
ln digit	0. 004***	0. 005**	0. 008***	0. 005***	0. 003*
	(0. 002)	(0. 002)	(0. 001)	(0. 002)	(0. 002)
size	0. 876***	0. 753***	0. 977***	0. 953***	0. 857***
	(0. 082)	(0. 117)	(0. 070)	(0. 081)	(0. 085)
owncon	-0. 013**	-0. 001	-0. 014***	-0. 016***	-0. 011**
	(0. 005)	(0. 006)	(0. 005)	(0. 005)	(0. 005)
finance	0. 039	1. 370**	0. 273	0. 094	-0. 023
	(0. 262)	(0. 546)	(0. 246)	(0. 262)	(0. 270)
age	0. 030	0. 090	0. 013	0. 018	0. 042
	(0. 043)	(0. 056)	(0. 039)	(0. 043)	(0. 045)
liquid	-0. 006	-0. 099*	-0. 005	-0. 002	-0. 013
	(0. 018)	(0. 060)	(0. 017)	(0. 018)	(0. 018)
owner	0. 113	0. 437***	-0. 047	0. 060	0. 061
	(0. 120)	(0. 163)	(0. 115)	(0. 120)	(0. 124)
ROA	0. 909**	0. 803	0. 588*	0. 956***	0. 880**
	(0. 369)	(1. 135)	(0. 349)	(0. 369)	(0. 378)
fix	-1. 203**	-2. 966***	-0. 420	-0. 133	-1. 295**
	(0. 511)	(1. 040)	(0. 457)	(0. 504)	(0. 548)
board	-0. 075	0. 414	-0. 116	-0. 276	-0. 079
	(0. 273)	(0. 327)	(0. 253)	(0. 269)	(0. 285)
ass	-0. 177	-0. 526	-0. 039	-0. 075	-0. 072
	(0. 295)	(0. 364)	(0. 286)	(0. 294)	(0. 304)
trade	0. 805*	0. 185	0. 490	0. 737	0. 921*
	(0. 473)	(0. 548)	(0. 458)	(0. 473)	(0. 484)
struc	2. 246	-3. 154	0. 863	2. 804	1. 584
	(2. 540)	(2. 904)	(2. 359)	(2. 533)	(2. 658)
gdps	0. 756	-0. 387	1. 031	0. 355	0. 324
	(0. 770)	(0. 970)	(0. 725)	(0. 769)	(0. 792)
fdi	0. 279	1. 361	2. 545	2. 897	1. 828
	(2. 477)	(3. 562)	(2. 170)	(2. 454)	(2. 826)
urban	0. 173	-3. 891***	-0. 597	-0. 0759	0. 145
	(1. 326)	(1. 498)	(1. 247)	(1. 314)	(1. 375)
human	0. 041	0. 141	0. 154	0. 0976	0. 153
	(0. 133)	(0. 174)	(0. 125)	(0. 131)	(0. 137)
_ cons	-3. 340	18. 860***	-4. 218	-2. 649	-2. 469
	(5. 579)	(7. 102)	(5. 058)	(5. 545)	(5. 802)

续表

变量	(1)	(2)	(3)	(4)	(5)
	ln TFP _ OLS	ln TFP _ FE	ln TFP _ OP	ln TFP _ OP-ACF	ln TFP _ LP-ACF
N	3412	3412	1614	1437	3412
adj-R^2	0. 374	0. 366	0. 412	0. 365	0. 351
F (Prob>chi2)	0. 0000	0. 0000	0. 0000	0. 0000	0. 0000
时间效应	是	是	是	是	是
企业效应	是	是	是	是	是
行业效应	是	是	是	是	是
省份效应	是	是	是	是	是

注：*、**、***分别表示在10%、5%、1%水平下显著；( ) 内数值为企业层面的聚类稳健标准误。

(二) 替换核心解释变量

数字化水平是本书的关键变量，关于数字化水平的测度方法也是多种多样的。为避免基准回归分析中选择的替代变量不能很好地测算服务业数字化水平，进而造成估计结果产生偏误，本部分借鉴李坤望等（2015）的研究思想，将数字化相关的无形资产占比与数字化相关的固定资产占比之和作为服务业企业数字化水平的代理变量，重新估计数字化对服务业生产率的影响。其中，数字化相关的无形资产主要包括各种软件、电子信息、网络等资产；数字化相关的固定资产主要包括电子计算机、电子设备、传输网络及相关设备、通信系统与设备、信息技术设备、自动化设备等资产。数字化相关资产代表着企业数字化发展的基础与投入，以及企业对数字化的重视程度。因而，在一定程度上可以表征数字化发展水平。数据由作者通过对样本中各个上市公司的历年年报进行手工整理而得。具体的回归结果如表 5-5 所示。

表 5-5　数字化影响服务业生产率的稳健性检验：替换核心解释变量结果表

变量	(1)	(2)	(3)	(4)	(5)	(6)
	FE	FE	FE	FE	FE	FE
ln digit	0. 029* (0. 016)	0. 032** (0. 013)	0. 033** (0. 013)	0. 033*** (0. 013)	0. 033*** (0. 013)	0. 033*** (0. 013)
size		0. 767*** (0. 025)	0. 770*** (0. 025)	0. 770*** (0. 025)	0. 770*** (0. 025)	0. 770*** (0. 025)
owncon		−0. 015 (0. 054)	−0. 015 (0. 054)	−0. 011 (0. 054)	−0. 011 (0. 054)	−0. 011 (0. 054)
finance		0. 152* (0. 090)	0. 160* (0. 090)	0. 140 (0. 091)	0. 140 (0. 091)	0. 140 (0. 091)
age		0. 037*** (0. 007)	0. 050*** (0. 012)	0. 065*** (0. 014)	0. 065*** (0. 014)	0. 065*** (0. 014)
liquid		−0. 026*** (0. 004)	−0. 026*** (0. 004)	−0. 027*** (0. 004)	−0. 027*** (0. 004)	−0. 027*** (0. 004)

续表

变量	(1)	(2)	(3)	(4)	(5)	(6)
	FE	FE	FE	FE	FE	FE
owner		0.137*** (0.049)	0.134*** (0.049)	0.133*** (0.050)	0.133*** (0.050)	0.133*** (0.050)
ROA		0.505*** (0.131)	0.503*** (0.131)	0.493*** (0.131)	0.493*** (0.131)	0.493*** (0.131)
fix		0.298 (0.181)	0.271 (0.181)	0.266 (0.182)	0.266 (0.182)	0.266 (0.182)
board		-0.073 (0.090)	-0.066 (0.090)	-0.059 (0.090)	-0.059 (0.090)	-0.059 (0.090)
ass			0.122 (0.098)	0.143 (0.099)	0.143 (0.099)	0.143 (0.099)
trade			0.291 (0.187)	0.332* (0.188)	0.332* (0.188)	0.332* (0.188)
struc			-1.076 (0.740)	-1.850** (0.870)	-1.850** (0.870)	-1.850** (0.870)
gdps			-0.111 (0.239)	0.018 (0.272)	0.018 (0.272)	0.018 (0.272)
fdi				-0.182 (0.898)	-0.182 (0.898)	-0.182 (0.898)
urban				-0.793* (0.463)	-0.793* (0.463)	-0.793* (0.463)
human				0.049 (0.047)	0.049 (0.047)	0.049 (0.047)
_cons	20.520*** (0.055)	3.838*** (0.599)	3.985*** (1.068)	6.172*** (1.905)	6.172*** (1.905)	6.172*** (1.905)
N	3412	3412	3412	3412	3412	3412
adj-R^2	0.463	0.691	0.693	0.693	0.693	0.693
F (Prob>chi2)	0.0000	0.0000	0.0000	0.0000	0.0000	0.0000
时间效应	是	是	是	是	是	是
企业效应	是	是	是	是	是	是
行业效应	否	否	否	否	是	是
省份效应	否	否	否	否	否	是

注：*、**、***分别表示在10%、5%、1%水平下显著；( ) 内数值为企业层面的聚类稳健标准误。

由表5-5可知，数字化对服务业生产率的影响并未发生根本性的变化，仅在影响系数大小与显著性水平上存在些许差异。具体而言，为保证估计结果的可靠性，列（1）至列（4）依次纳入企业、行业、省份层面控制变量，结果显示，数字化显著提升了服务业生产率。这表明，无论服务业数字化表现为服务供给自动化，还是表现为新形式服务的出现，均有利于提高服务的交易效率、提升其生产率。列（4）至列（6）显示，行业固定效应、省份固定效应的加入并未影响数字化对服务业生产率的提升效应。数字化水平每提高 1 个百分点，服务业生产率提升 0.033 个百分点，并且通过了 1% 水平下的显著性检验，佐证了前文的结论。总而言之，在考虑到核心解释变量的测算可能存在偏差之后，数字化依然能够对服务业生产率产生显著的正向促进作用，这也说明前文中基准回归部分的研究结论具有可靠性。

（三）改变样本区间范围

有学者指出，目前中国数字经济的发展经历了萌芽期、蓬勃发展期，而萌芽期的数字经济水平相对较低，其经济效应也较弱，因而研究的意义不大。刘军等（2020）认为，研究数字经济及其效应的时期选择应该以政府开始重视数字经济发展为依据，并指出从 2015 年开始，政府颁布了一系列关于互联网+、数字技术与产业融合、谋划数字化转型的政策，释放出强烈的数字化发展的信号。此外，何帆等（2019）从政策演变角度将数字经济政策划分为科技政策阶段（2012—2014 年）、产业政策阶段（2015—2016 年）及创新政策阶段（2017 年至今）3 个阶段，并认为在科技创新阶段中，政策主要集中于互联网、物联网等技术层面。鉴于在数字经济发展萌芽期以及科技政策阶段，数字化水平相对较低，其经济增长效应也相对较弱，本部分剔除 2015 年之前的数据，即采用 2015—2019 年的样本重新进行估计，回归结果见表 5-6。

表 5-6　数字化影响服务业生产率的稳健性检验：改变样本区间范围结果表

变量	(1)	(2)	(3)	(4)	(5)	(6)
	FE	FE	FE	FE	FE	FE
ln digit	0.133***	0.053***	0.051***	0.052***	0.052***	0.052***
	(0.018)	(0.014)	(0.014)	(0.014)	(0.014)	(0.014)
size		0.805***	0.805***	0.805***	0.805***	0.805***
		(0.028)	(0.028)	(0.028)	(0.028)	(0.028)
owncon		0.007***	0.006***	0.006***	0.006***	0.006***
		(0.002)	(0.002)	(0.002)	(0.002)	(0.002)
finance		0.097	0.089	0.084	0.084	0.084
		(0.095)	(0.095)	(0.095)	(0.095)	(0.095)
age		0.051***	0.020	0.031	0.031	0.031
		(0.007)	(0.018)	(0.023)	(0.023)	(0.023)
liquid		−0.031***	−0.030***	−0.030***	−0.030***	−0.030***
		(0.006)	(0.006)	(0.006)	(0.006)	(0.006)
owner		0.125***	0.126***	0.128***	0.128***	0.128***
		(0.040)	(0.040)	(0.040)	(0.040)	(0.040)
ROA		0.236**	0.239**	0.236**	0.236**	0.236**
		(0.113)	(0.113)	(0.113)	(0.113)	(0.113)

续表

变量	(1)	(2)	(3)	(4)	(5)	(6)
	FE	FE	FE	FE	FE	FE
fix		0.291* (0.165)	0.264 (0.165)	0.281* (0.165)	0.281* (0.165)	0.281* (0.165)
board		0.154* (0.093)	0.156* (0.093)	0.157* (0.093)	0.157* (0.093)	0.157* (0.093)
ass			0.037 (0.102)	0.038 (0.104)	0.038 (0.104)	0.038 (0.104)
trade			0.281** (0.143)	0.271* (0.143)	0.271* (0.143)	0.271* (0.143)
struc			2.719** (1.291)	3.311** (1.461)	3.311** (1.461)	3.311** (1.461)
gdps			0.294 (0.300)	0.107 (0.354)	0.107 (0.354)	0.107 (0.354)
fdi				-0.861 (0.787)	-0.861 (0.787)	-0.861 (0.787)
urban				0.275 (0.711)	0.275 (0.711)	0.275 (0.711)
human				0.072 (0.045)	0.072 (0.045)	0.072 (0.045)
_cons	20.800*** (0.045)	1.692*** (0.595)	0.428 (1.228)	-1.060 (2.577)	-1.060 (2.577)	-1.060 (2.577)
N	2447	2447	2447	2447	2447	2447
adj-R^2	0.280	0.567	0.569	0.570	0.570	0.570
F (Prob>chi2)	0.0000	0.0000	0.0000	0.0000	0.0000	0.0000
时间效应	是	是	是	是	是	是
企业效应	是	是	是	是	是	是
行业效应	否	否	否	否	是	是
省份效应	否	否	否	否	否	是

注：*、**、***分别表示在10%、5%、1%水平下显著；( ) 内数值为企业层面的聚类稳健标准误。

由表5-6可知，服务业的数字化发展的确显著提升了其生产率，佐证了上文中的观点。列（1）至列（3）为在固定企业效应、时间效应的基础上，分别依次纳入企业、行业、省份层面控制变量的回归估计结果。由结果可知，无论是否考虑各个层面控制变量的影响，数字化对服务业生产率的影响系数均为正，并且均通过了1%水平下的显著性检验。列（4）至列（6）是在固定企业效应、时间效应，以及纳入全部控制变量的基础上，依次加入行业固定效应、省份固定效应的回归估计结果。结果显示，行业固定效应、省份固定效应的加入并未影响数字化对服务业生产率的影响系数。数字化对服务业生产率的影响系数均为0.052，且均通过了1%水平下的显著性检验。进一步来说，此处的数字化变量影响系数大于基准回归模型中估计系数0.036，这在一定程度上也说明在数字经济蓬勃发展时期，数字化对服务业生产率的提升效应更加明显。

（四）更换标准误的聚类层面

基准回归部分计算的是企业层面的聚类稳健标准误，这在某些情况下可能是不符合现实情况的，进而会影响模型估计结果的准确性。因此，本部分将分别聚类到行业层面和区域层面计算稳健标准误，重新对模型进行估计。回归结果如表5-7所示。

表5-7 数字化影响服务业生产率的稳健性检验：更换标准误的聚类层面结果表

变量	(1)	(2)
	聚类层面：行业	聚类层面：区域
ln digit	0.002* (0.001)	0.036*** (0.011)
size	0.871*** (0.068)	0.869*** (0.038)
owncon	0.002 (0.003)	0.003 (0.002)
finance	0.486* (0.283)	0.435** (0.190)
age	0.025 (0.015)	0.027* (0.013)
liquid	-0.021*** (0.006)	-0.023*** (0.003)
owner	0.097** (0.041)	0.096*** (0.024)
ROA	0.628*** (0.179)	0.620*** (0.192)
fix	0.249 (0.247)	0.289 (0.211)
board	-0.004 (0.127)	-0.022 (0.108)
ass	0.089 (0.085)	0.063 (0.117)
trade	0.259 (0.162)	0.299** (0.132)
struc	-0.678 (1.001)	-0.696 (0.684)
gdps	0.284 (0.328)	0.194 (0.273)

续表

变量	(1)	(2)
	聚类层面：行业	聚类层面：区域
fdi	-0.347 (0.836)	-0.269 (0.852)
urban	-0.701 (0.479)	-0.709 (0.522)
human	0.029 (0.030)	0.030 (0.039)
_cons	2.724 (1.928)	3.144** (1.413)
N	3412	3412
adj-R^2	0.716	0.708
F (Prob>chi2)	0.0000	0.0000
时间效应	是	是
企业效应	是	是
行业效应	是	是
省份效应	是	是

注：*、**、***分别表示在10%、5%、1%水平下显著；列（1）、列（2）估计结果下方（）内数值分别为行业层面和区域层面的聚类稳健标准误。

由表5-7可知，数字化对服务业生产率的促进效应依然存在，即数字化发展可以显著提升服务业生产率，验证了前文研究结论的准确性。列（1）显示，与基准回归结果相比，将稳健标准误聚类到行业层面使得数字化对服务业生产率的影响系数、显著性水平均有所下降，但是数字化对服务业生产率的提升效应仍然显著存在，影响系数为0.002，且通过了10%水平下的显著性检验。列（2）显示，数字化水平每提高1个百分点，服务业生产率将会提升0.036个百分点，且通过了1%水平下的显著性检验，这与基准回归结果差异不大。总而言之，一方面，服务供给自动化的实现有利于提高服务交易效率；另一方面，新服务形式的出现放松了服务业“人对人”“点对点”等约束条件，赋予了服务业新的特征，比如可储存、可运输、可贸易的性质，实现了服务供给与需求的相分离，这有利于提高服务供给与需求之间的匹配效率，从而提升服务业生产率。

第三节　多维视角下的异质性分析

前文检验了数字化对服务业生产率的整体影响效应。本节将进一步考虑企业微观特征差异、行业性质不同、地理区位不同如何影响数字化与服务业生产率的关系。其中，企业微观特征差异方面，根据企业规模，将企业分为大、中、小企业；根据企业所有制性质，将企业划分为国有企业、民营企业。服务业行业性质方面，根据数字化程度将服务业分为数字化水平相对较高的服务业与数字化水平相对较低的服务业；根据要素密集程度将服务业分为资本、技术、劳动密集型服务业。地理区位方面，将样本划分为南北方地区、胡焕庸线东南侧地区与胡焕庸线西北侧地区两类。

一、基于服务业企业微观特征的异质性分析

鉴于不同服务业企业之间的规模、所有制等特征具有明显差异，这会直接影响到企业的数字化水平，进而影响数字化对生产率的作用。因此，本部分按企业规模、企业所有制性质进行分组回归，探讨数字化对服务业生产率的影响如何因企业规模、企业所有制性质的变化而变化。

（一）企业规模

熊彼特的创新理论认为，规模较大的企业更容易实现创新。一方面，大企业在资本、技术、劳动力等要素方面具有显著优势，而这些要素也是企业创新的基础。另一方面，相对于小型企业而言，大企业的规模经济更加明显，而且能够承受较大的风险，有利于长期的研发投入。那么在服务业行业中，规模较大的企业是不是在数字化发展方面也具有优势呢？数字化提升服务业生产率的效应是不是更显著呢？本部分将探讨这一问题。基于此，本部分以国家统计局发布的《统计上大中小微型企业划分办法（2017）》为依据，将样本划分为大型企业、中型企业、小型企业 3 类。回归结果见表 5-8。

表 5-8　数字化影响服务业生产率的企业异质性分析：大型企业、中型企业、小型企业结果表

变量	(1)	(2)	(3)
	大型企业	中型企业	小型企业
ln digit	0.029** (0.012)	0.047 (0.044)	0.017 (0.019)
控制变量	是	是	是
N	2021	294	1097
adj-R^2	0.750	0.630	0.629
F（Prob>chi2）	0.0000	0.0000	0.0000
时间效应	是	是	是
企业效应	是	是	是
行业效应	是	是	是
省份效应	是	是	是

注：*、**、*** 分别表示在 10%、5%、1% 水平下显著；（）内数值为企业层面的聚类稳健标准误。

由表 5-8 可知，数字化显著提升了大型服务业企业的生产率，但是在中型企业、小型企业中，这一现象并不显著。这表明，数字化具有规模效应。换言之，企业规模越大，数字化对企业生产率的“红利”越大。具体来看，列（1）显示，数字化进程每加快 1 个百分点，大型服务业企业生产率显著提升 0.029 个百分点。即与总样本的研究结论相一致，服务供给的自动化以及新形式的服务均有利于提升服务业生产率。列（2）、列（3）显示，数字化对中小企业生产率的影响方向均为正，但是并未通过显著性检验。这表明，数字化的发展并未明显赋能中型企业、小型服务业企业生产率。

究其原因，主要是数字化对服务业生产率产生积极的作用是需要有一定的劳动力、资本等要素相匹配的（谢康等，2020），如若数据要素的配置不当或者相应的传统要素支撑不足反而会起到相反的作用（张龙鹏等，2020）。与大型企业相比，中型企业、小型企业在人力、物力、财力等方面不具有明显优势。因而，如果中型企业、小型企业过度进行数字化发展，会致使与之匹配的要素供给不足，降低要素的配置效率，最终导致生产率提升不明显。这也充分说明，企业的数字化发展应该根据自身资源“量力而行”，盲目提高数字化水平并不会提高企业生产率。

（二）企业所有制性质

企业所有制性质不同，其发展目标与规划往往也不同，因而对于新技术冲击的反应也有所不同。一般而言，国有企业更容易获得一些其他企业从市场中购买不到的稀缺资源。因此，本部分将样本分为国有企业、民营企业两个子样本来探讨企业所有制如何影响数字化对服务业生产率的提升效应。回归结果见表 5-9。

表 5-9　数字化影响服务业生产率的企业异质性分析：国有企业、民营企业结果表

变量	（1）	（2）
	国有企业	民营企业
ln dig*it*	0.037** （0.015）	0.001*** （0.000）
控制变量	是	是
N	1262	2150
adj-R^2	0.601	0.797
F（Prob>chi2）	0.0000	0.0000
时间效应、企业效应	是	是
行业效应、省份效应	是	是

注：*、**、*** 分别表示在 10%、5%、1% 水平下显著；（）内数值为企业层面的聚类稳健标准误。

由表 5-9 可知，在服务业国有企业、民营企业中，数字化的发展显著提升了其生产率，但是该效应在国有企业中更加凸显。具体而言，列（1）显示，在国有企业中，数字化水平每提高 1 个百分点，服务业企业生产率提升 0.037 个百分点，并且通过了 5% 水平下的显著性检验。列（2）显示，在民营企业中，数字化对服务业企业生产率的影响系数显著为 0.001。这表明，数字化的发展可以明显提升国有企业、民营企业的服务业生产率。即与总样本的研究结论相一致，服务供给的自动化以及服务供给新形式的出现均有利于改变服务的“同时同地”、不可储存、不可贸易等传统性质，提高服务的交易效率及生产率。进一步，通过对比数字化变量的估计系数，可以发现，国有企业的数字化系数大于民营企业。这表明，相对于民营企业，国有企业的数字化发展对其服务业生产率的赋能效应更加明显。这与已有学者的研究观点具有一致性（赵宸宇等，2021）。

本书认为产生这种差异的原因主要是与民营企业相比，国有企业在资金、规模以及政策等方面具有明显优势（李政等，2014），这就为国有企业数字化的发展奠定了基础。企业实现数字化发展的过程中需要建设相关的信息系统，引进先进设备，这对企业的资金、规模等方面提出了更高的要求。此时，国有企业的优势便凸显出来，可以更加顺利、高效地实现数字化的发展进而提升其生产率（赵宸宇等，2021）。

二、基于服务业行业的异质性分析

各类服务业在行业性质等方面具有鲜明差异，而且在第三章中，也阐明在数字化程度不同的服务业行业中，数字化影响生产率的机制具体表现是不同的。那么数字化对不同类型服务业生产率的影响是否也不同呢？本部分将根据服务业数字化程度、服务业要素密集程度进行分组，讨论服务业行业性质如何影响数字化对服务业生产率的提升效应。其中，根据服务业数字化程度将服务业分为数字化水平相对较高的服务业与数字化水平相对较低的服务业；根据服务业要素密集程度将服务业分为资本密集型服务业、技术密集型服务业、劳动密集型服务业。

（一）服务业数字化程度：数字化水平相对较高、相对较低的服务业

本部分仍按照第三章中提到的划分标准对服务业进行划分，即根据服务业分行业数字经济比例对服务业进行划分。若服务业细分行业数字经济比例超过服务业行业数字经济比例均值，则认为该细分行业归为数字化水平相对较高的服务业；反之则归为数字化水平相对较低的服务业。具体而言，在本书的 11 类服务业样本中，信息传输、软件和信息技术服务业，文化、体育和娱乐业，交通运输、仓储和邮政业，教育业，租赁和商业服务业，科学研究和技术服务业等行业属于数字化水平相对较高的服务业；批发和零售业，住宿和餐饮业，房地产业，水利、环境和公共设施管理业，卫生和社会工作等行业则属于数字化水平相对较低的服务业❶。下文将探讨数字化对服务业生产率的提升效应如何因行业数字化水平的变化而变化。估计结果见表 5-10。

表 5-10　数字化影响服务业生产率的行业异质性分析：数字化水平相对较高的服务业、数字化水平较低的服务业结果表

变量	（1）	（2）
	数字化水平相对较高的服务业	数字化水平相对较低的服务业
ln digit	0.028** （0.012）	0.035 （0.025）
控制变量	是	是
N	2385	1027
adj-R^2	0.722	0.735
F（Prob>chi2）	0.0000	0.0000
时间效应、企业效应	是	是
行业效应、省份效应	是	是

注：*、**、*** 分别表示在 10%、5%、1% 水平下显著；（）内数值为企业层面的聚类稳健标准误。

❶ 这种分类结果与第四章作者计算的数字化水平分类结果是一致的，详见 43 页、45 页与 52~53 页。

表5-10显示，在数字化时代下，数字化水平相对较高的服务业生产率得到了显著提升，而这一效应在数字化水平相对较低的服务业中并不显著。具体来看，由列（1）可知，在数字化水平相对较高的服务业中，企业生产率对数字化的弹性系数在5%水平下显著为0.028。这表明，在数字化时代下，数字化水平相对较高的服务业生产率逐渐提升，可以改变服务业生产率低的假说。列（2）显示，在数字化水平相对较低的服务业中，数字化与其生产率成正相关关系，但并未通过显著性检验。这表明，在数字化水平相对较低的服务业中，数字化对服务业生产率的提升效应并不显著。

本书认为产生这种差异的原因主要在于：一是与数字化水平相对较高的服务业相比，数字化水平相对较低的服务业的技术支撑以及相应的人才与资本储备相对不足。并且在这类服务业中，数字技术的渗透度与融合度较低，即数据要素并不能成为该类服务业的最主要生产要素，比如卫生和社会工作。二是数字化水平相对较低的服务业提供的服务与人们消费需求直接相关，因而在提供服务的过程中更注重人与人之间的沟通（杜丹清，2017），比如住宿和餐饮业，水利、环境和公共设施管理业。因此，这类服务业面临的需求具有点多、面广、单个规模小、分散性强等特征（姜长云，2020），难以大批量、标准化、自动化提供服务。因此，数字化对服务业生产率的提升效应暂未显现。

（二）服务业要素密集程度：资本密集型服务业、技术密集型服务业、劳动密集型服务业

本部分参照蔡宏波等（2015）的方法对样本中11类服务业进行划分，以探讨行业要素密集程度如何影响数字化对服务业生产率的促进作用。具体而言，交通运输、仓储和邮政业，信息传输、软件和信息技术服务业，房地产业，租赁和商业服务业属于资本密集型服务业；科学研究和技术服务业，水利、环境和公共设施管理业，教育业，卫生和社会工作属于技术密集型服务业；批发和零售业，住宿和餐饮业，文化、体育和娱乐业属于劳动密集型服务业。

估计结果如表5-11所示，数字化显著提高了资本密集型服务业、技术密集型服务业的生产率，而这一结论在劳动密集型服务业中并不成立。具体而言，表5-11中的列（1）与列（2）显示，随着数字化的深化，资本密集型服务业与技术密集型服务业的生产率均呈上升趋势。其中，在资本密集型服务业中，数字化水平每提高1个百分点，服务业生产率提升0.031个百分点，且通过了5%水平下的显著性检验；在技术密集型服务业中，数字化对服务业生产率的影响系数为0.043，且通过了10%水平下的显著性检验。列（3）显示，在劳动密集型服务业中，数字化对生产率的影响系数虽然为正，但是并未通过显著性检验。这意味着，在劳动密集型服务业中，数字化发展并不能有效提升其生产率，难以改变生产率低的特征，这与资本密集型服务业、技术密集型服务业是截然不同的。究其原因，主要是数字技术较多地被应用到资本密集型服务业、技术密集型服务业中。即在资本密集型服务业、技术密集型服务业中，ICT资本、信息技术、数据要素的投入相对较多，这为数字技术的应用奠定了基础，因而数字化的渗透与融合度更高，对生产率的积极影响效应更强（尚文思，2020）。而在劳动密集型服务业中，ICT资本、数字技术、数据要素相对较少，数字化的渗透与融合度相对较低，对生产率的促进作用较小（王俊豪等，2021）。

表 5-11　数字化影响服务业生产率的行业异质性分析：资本密集型服务业、技术密集型服务业、劳动密集型服务业结果表

变量	(1)	(2)	(3)
	资本密集型服务业	技术密集型服务业	劳动密集型服务业
ln digit	0.031** (0.013)	0.043* (0.025)	0.034 (0.023)
控制变量	是	是	是
N	2236	303	873
adj-R^2	0.711	0.751	0.766
F (Prob>chi2)	0.0000	0.0000	0.0000
时间效应	是	是	是
企业效应	是	是	是
行业效应	是	是	是
省份效应	是	是	是

注：*、**、***分别表示在 10%、5%、1%水平下显著；( ) 内数值为企业层面的聚类稳健标准误。

三、基于地理区位的异质性分析

区域之间的技术水平、资源禀赋、政策制度等方面具有明显的差异性，这不仅会影响到数字技术的普及与应用，而且会影响到服务业发展水平。本部分将区域划分为南方地区与北方地区、胡焕庸线东南侧地区与胡焕庸线西北侧地区两类，分别探讨地理区位如何影响数字化对服务业生产率的提升效应。

（一）南方地区与北方地区

经济新常态以来，南北分化的现象愈加明显，区域差异特征也在逐渐向南北差异转变。自 2013 年以来，南方地区与北方地区之间经济总量的差距越发明显，使得南北差异问题再次成为学术焦点。经济发展水平是数字化以及服务业发展的基础，经济发展水平较高的地区，数字化程度、服务业发展水平往往较高，那么，数字化对服务业生产率的影响是否会受到这一明显地区差异的影响呢？本部分将探讨这一问题。基于此，参考已有研究（卢现祥等，2021），以秦岭-淮河分界线为依据，将企业所在的省份划分南方地区、北方地区，来探究数字化影响服务业生产率的区域差异。回归结果如表 5-12 所示。

根据表 5-12 的回归结果显示，无论是在南方地区，还是北方地区，数字化均会显著提升服务业生产率，为服务业的发展实现赋能。具体来看，列（1）显示，在南方地区，数字化水平每提高 1 个百分点，服务业生产率提升 0.042 个百分点，并且通过了 5%水平下的显著性检验。列（2）显示，在北方地区，数字化对服务业生产率的影响系数显著为 0.030。即与总样本的研究结论相一致，数字化是提升服务业生产率的重要推动力。进一步而言，通过对比南方地区与北方地区数字化变量的估计系数，可以发现，南方地区的数字化系数略大于北方地区的数字化系数。这表明，相对于北方地区，南方地区的数字化发展对服务业生产率的提升作用更为明显。本书认为产生这种差异的主要原因可能在于：一是数字化具有技术溢出特性。数字化的发展能够打破以往信息传输的不对称性，加强南方地区与北方地区之间的经济往来、服务往来。这不仅能够推进北方地区的数字化进程，而且为北方地区学习服务业发展的先进模式与经验提供了机会。值得说明的是，数字化的服务业生产率效应在南方地区与北方地区均显著存在，一定程度上会缩小南方地区与北方地区间的经济差异，促使经济的均衡发展。二是数字化对服务业生产率的提升效应在南方地区略大于北方地区主要是因为南方地区的数字化水平更高。这在第四章服务业数字化水平的特征分析中也有体现。在数字化水平越高的地区，数字技术对服务业的渗透与融合程度越高，其对服务业生产率的提升效应越明显。

表 5-12　数字化影响服务业生产率的地理区位异质性分析：南方地区、北方地区结果表

变量	(1)	(2)
	南方地区	北方地区
ln dig*it*	0.042** (0.019)	0.030** (0.012)
控制变量	是	是
N	1005	2407
adj-R^2	0.714	0.717
F (Prob>chi2)	0.0000	0.0000
时间效应	是	是
企业效应	是	是
行业效应	是	是
省份效应	是	是

注：*、**、***分别表示在10%、5%、1%水平下显著；( ) 内数值为企业层面的聚类稳健标准误。

(二) 胡焕庸线东南侧地区与胡焕庸线西北侧地区

胡焕庸线东南侧地区的地理位置优越、资源丰裕、经济水平较高、技术水平先进，这也致使其数字化的发展基础、服务业发展水平优于胡焕庸线西北侧地区。那么，数字化对服务业生产率的影响效应在胡焕庸线两侧地区是否一样呢？本部分将探讨这一问题。关于胡焕庸线东南侧地区与胡焕庸线西北侧地区的划分，主要参考阮文奇等（2018）的做法。

关于数字化对胡焕庸线两侧地区服务业生产率的影响效应如表 5-13 所示。研究发现，数字化显著提升了胡焕庸线东南侧地区的服务业生产率，而在胡焕庸线西北侧地区这一结论并不成立。具体来看，由列（1）可知，数字化对服务业生产率的影响系数显著为 0.035。这表明，数字化的推进有利于提升服务业生产率，改变服务业生产率低的假说。列（2）显示，在胡焕庸线西北侧地区，服务业生产率对数字化的弹性系数为-0.134，并且未通过显著性检验。这表明，在胡焕庸线西北侧地区，数字化并不能提升服务业生产率。

究其原因，一是服务业数字化发展水平呈现胡焕庸线格局。这在第四章分析服务业数字化水平区域特征时可知，服务业数字化水平呈现出由东南沿海向西北内陆逐渐降低的趋势，胡焕庸线格局明显，与中国数字经济发展格局具有相似性。数字化水平越高的地区，数字技术对服务业的渗透与融合程度越高，可以有效弱化服务业原有特征的约束性，带动数字化对服务业生产率的提升效应。一方面，服务供给自动化的实现提高了交易效率。另一方面，新形式服务的出现赋予了服务业新的特点，比如可分离性、可储存性、可贸易性。这不仅推动了服务在更广泛的范围内的供给与需求，而且有利于使得难以满足的服务需求在数字平台得以实现，提高服务供给与需求的交易匹配效率，促进了服务业生产率水平产生质的变化。二是数字化降低了交易成本，加速了生产要素的流动，这在一定程度上会加剧胡焕庸线西北侧地区的要素流向胡焕庸线东南侧地区，导致胡焕庸线西北侧地区服务业生产率增长缓慢。

表 5-13　数字化影响服务业生产率的地理区位异质性分析：胡焕庸线东南侧地区、胡焕庸线西北侧地区结果表

变量	(1)	(2)
	胡焕庸线东南侧地区	胡焕庸线西北侧地区
ln dig*it*	0.035*** (0.010)	−0.134 (0.102)
控制变量	是	是
N	3242	170
adj-R^2	0.704	0.920
F（Prob>chi2）	0.0000	0.0000
时间效应	是	是
企业效应	是	是
行业效应	是	是
省份效应	是	是

注：*、**、***分别表示在10%、5%、1%水平下显著；（）内数值为企业层面的聚类稳健标准误。

第六章　数字化影响服务业生产率的机制检验及拓展性分析——基于上市公司样本数据

在前文构建的数字化影响服务业生产率理论分析框架的基础上，上一章系统检验了数字化影响服务业生产率的总效用及异质性冲击。本章则聚焦于前文所阐释的影响机制，试图以2011—2019年中国服务业沪深A股上市公司数据为例，采用中介效应模型来验证作用路径的存在性，以及采用引入交互项的固定效应模型来验证调节机制的存在性。同时，考虑到数字技术所具有的网络效应以及数据这一新生产要素具有的边际效应递增的特性，本章还拓展性地借助固定效应模型以及均值面板回归模型分析了数字化影响服务业生产率的非线性特征及可能存在的长期效应。

第一节　数字化影响服务业生产率的作用路径检验

为更好地验证理论分析部分构建的数字化影响服务业生产率的作用路径，本节首先构建中介效应模型，并对相关变量的指标及数据选取进行说明；其次对交易成本节约路径、要素配置优化路径、商业模式创新激励路径、专业化分工深化路径等作用路径依次进行检验分析。

一、模型设定与变量说明

（一）模型设定

根据第三章的分析，数字化影响服务业生产率的作用路径主要包括交易成本节约路径、要素配置优化路径、商业模式创新激励路径、专业化分工深化路径等。对此，为验证作用路径的存在性，本节借助温忠麟等（2004）提出的中介效应模型进行检验，具体模型如下：

$$\ln \mathrm{TFP\_LP}_{it} = \alpha_0 + \alpha_1 \ln \mathrm{dig}it_{it} + \alpha_2 X_{it} + \delta_i + \eta_t + \mu_t + \upsilon_t + \varepsilon_{it} \quad (6-1)$$

$$M_{it} = \beta_0 + \beta_1 \ln \mathrm{dig}it_{it} + \beta_2 X_{it} + \delta_i + \eta_t + \mu_t + \upsilon_t + \varphi_{it} \quad (6-2)$$

$$\ln \mathrm{TFP\_LP}_{it} = \gamma_0 + \gamma_1 \ln \mathrm{dig}it_{it} + \gamma_2 M_{it} + \gamma_3 X_{it} + \delta_i + \eta_t + \mu_t + \upsilon_t + \zeta_{it} \quad (6-3)$$

式中：i表示企业，$i=1,2,\cdots,N$；t表示时间，$t=1,2,\cdots,T$；$\ln \mathrm{TFP_LP}_{it}$表示服务业中i企业在t年的生产率；$\ln \mathrm{dig}it_{it}$表示服务业中i企业在t年的数字化水平；X_{it}表示影响服务业企业生产率的其他变量，即控制变量；M_{it}表示中介变量，即交易成本、要素配置水平、商业模式创新能力、专业化分工水平；α_0，β_0，γ_0表示常数项；α_1，α_2，β_1，β_2，γ_1，γ_2，γ_3分别表示相应解释变量的回归系数；δ_i表示企业固定效应；η_t表示年份固定效应；

μ_t 表示行业固定效应；υ_t 表示省份固定效应；ε_{it}，φ_{it}，ζ_{it} 表示随机误差项。

式（6-1）为基准模型，即数字化影响服务业生产率的总效用模型；式（6-2）为数字化影响中介变量的估计方程；式（6-3）为同时考虑数字化和中介变量对服务业企业生产率影响的估计方程。根据温忠麟（2004）的研究，首先对式（6-1）进行估计，如若 α_1 显著，则可以进一步进行中介效应检验。然后对式（6-2）和式（6-3）依次进行回归分析，如果 β_1 和 γ_2 均显著，则说明所检验的作用路径成立；如果 β_1 和 γ_2 中存在不显著情形，则需要进一步进行 Sobel 检验。若 Sobel 检验结果接受了原假设，则表示本书提出的作用路径的确不成立；若 Sobel 检验结果拒绝了原假设，则表明所检验的路径是存在的。进一步而言，在 β_1 和 γ_2 均显著的前提下，若 γ_1 显著，且系数小于 α_1，则表明存在部分中介效应；若 γ_1 不显著，则表明存在完全中介效应。

（二）变量选取与数据说明

本节所涉及的中介变量包括交易成本、要素配置水平、企业商业模式创新能力、专业化分工水平。具体说明如下：

1. 交易成本（cost）

通过梳理现有文献发现，关于度量交易成本的指标具有多样性，这主要是因为交易成本的定义与构成至今仍未有一个清晰的界定。现有的研究中主要采用营业费用、主营业务成本、构建综合指数以及市场化水平等指标来衡量交易成本的大小。如石大千等（2020）将管理费用、销售费用、财务费用之和作为交易成本的代理变量。黄群慧等（2019）认为交易成本不仅包括显性成本，还包括隐性成本，但是限于数据的可得性，最终选取了销售费用率、管理费用率来表征企业的显性交易成本。华广敏（2012）将运输费、信息传输费以及包装费等营业费用作为交易成本的替代变量。冯泰文（2009）则选取主营业务成本作为交易成本的替代变量。卢福财等（2018）认为随着市场化水平的提高，企业的交易成本会呈现下降趋势，因而市场化指数可以作为交易成本的代理变量。综合已有研究，本书最终借鉴赵宸宇等（2021）的研究，采用成本费用率作为交易成本的替代变量，具体而言，成本费用等于主营业务成本与管理费用之和，则成本费用率等于成本费用与主营业务收入的比值。

2. 要素配置水平

在已有研究中，大部分文献测算的是要素错配水平而不是要素配置水平。具体而言，若要素错配水平下降，则表明要素配置得到了优化，要素配置水平得到提升。关于要素错配的度量，主要包括直接法和间接法两种方法（Restuccia et al.，2017）。其中，直接法是集中于识别资源错配的特定来源并评估其后果，但是严重依赖于具体模型形式（Moll，2014；David et al.，2019）。间接法则侧重于衡量经济中资源错配的总体程度以及由此造成的福利损失，因而可以比较全面地评估不同来源的扭曲所带来的经济后果。其中，最有影响力的研究是 Hsieh et al.（2009）。鉴于此，本书同样采用要素配置水平的反向指标，即采用要素错配水平作为其代理变量。基于此，借鉴 Hsieh et al.（2009）、邵宜航等（2013）的研究，本节分别测算了资本要素错配程度（K _ dis）与劳动力要素错配程度（labor _ dis）来共同表征要素配置水平。

3. 企业商业模式创新能力

现有研究中更多的是衡量企业的技术创新能力，并且关于如何量化的观点较为统一，主要是采用企业技术创新投入、技术创新产出的相关变量，比如研发从业人员数、研发经费投入、专利数量等变量（陈赤平等，2020；赵宸宇等，2021）。而关于企业商业模式创新的研究主要集中于理论方面的探讨。比如，曾锵（2019）对于大数据的发展与应用如何推动商业模式的创新进行了详尽的案例分析与总结。李文莲等（2013）从 3 个维度构建了“大数据”影响商业模式创新的理论分析框架。在实证方面，多数研究采用问卷调查的方式收集数据来量化商业模式的创新（刘刚等，2017）。鉴于此，结合已有研究，并考虑到服务业的商业模式创新主要体现为服务的供给方式的变化，比如平台经济、共享经济等，并且基于数据的可得性，本书采用各细分行业中开展电子商务业务企业占比来表示服务业的商业模式创新水平。

4. 专业化分工水平（VSI）

在关于企业分工的研究中，大部分文献是基于间接法度量专业化分工水平，即通过纵向一体化指标进行度量。具体而言，专业化与纵向一体化表示的是截然不同的含义，即企业纵向一体化程度的降低，意味着企业专业化程度的提高（Zhang，2004；袁淳等，2021）。此外，也有一些研究认为，企业单位产值中外购中间品的比例在一定程度上可以表征企业参与专业化分工的程度（Li et al.，2009；Du et al.，2012；施炳展等，2020）。鉴于服务业上市企业单位产值中外购中间品比例数据的可得性较小，本书采用纵向一体化水平指标间接度量专业化分工水平。考虑到数据的可得性、服务业的特殊性，本书借鉴 Buzzell（1983）、袁淳等（2021）、范子英等（2017）的研究，采用修正的价值增值法度量企业纵向一体化水平。具体的计算过程如下所示：

$$\text{纵向一体化水平} = \frac{\text{增加值} - \text{税后净利润} + \text{正常利润}}{\text{主营业务收入} - \text{税后净利润} + \text{正常利润}} \qquad (6-4)$$

式中：

$$\text{增加值} = \text{企业销售额} - \text{采购额} \qquad (6-5)$$

$$\begin{aligned}\text{采购额} = &(\text{购买商品、接受劳务支付的现金} + \text{期初预付款} - \text{期末预付款} + \\ &\text{期末应付款} - \text{期初应付款} + \text{期末应付票据} - \text{期初应付票据}) / \\ &(1 + \text{采购商品的增值税税率}) + \text{期初存货} - \text{期末存货}\end{aligned} \qquad (6-6)$$

$$\text{正常利润} = \text{净资产} \times \text{平均净资产收益率} \qquad (6-7)$$

$$\text{净资产} = \text{资产总计} - \text{负债总计} + \text{少数股权收益} \qquad (6-8)$$

鉴于专业化分工是纵向一体化的反向指标，则企业专业化分工水平的计算公式为

$$\text{企业专业化水平} = 1 - \text{纵向一体化水平} \qquad (6-9)$$

二、交易成本节约路径的实证检验

服务的独有特性、服务供需双方需求的异质性以及市场上服务需求与服务供给数量的庞大均会产生搜寻成本、复制成本、运输成本、追踪成本和验证成本等一系列的交易成本。数字技术的出现可以明显降低交易成本。一方面，数字技术实现了经济活动的数据化，并通过大数据挖掘与分析技术可以精准地分析服务需求者的偏好；另一方面，数字技

术具有快速、有效传播信息的优势，并且信息获取、复制、传播的成本较低，这推动了信息的聚合、储存与调整，优化了各种资源的配置，实现了服务需求双方之间高精准度的链接。搜寻成本的降低可以提高服务需求者与供给者之间的匹配效率，提高交易效率与生产率。复制成本的降低不仅有利于实现服务业的规模经济，而且可以增加知识或经验公共品的供给，提高知识溢出效应，进而提升服务业生产率。运输成本的下降改变了传统的时间、空间概念，产生的时空压缩效应可以显著提升服务业生产率。追踪成本的降低成功地将消费者的异质性偏好显性化，使得长尾效应逐渐显现，推动了服务业生产率的提升。验证成本的降低有助于减少交易过程中信息不对称的情形，从而提高服务产品的交易效率，进而提升服务业生产率。为验证上述作用路径，本部分采用前文构建的中介效应模型对其进行检验。具体结果如表 6-1 所示。

表 6-1 数字化影响服务业生产率的作用路径检验：交易成本节约路径结果表

变量	(1)	(2)	(3)
	ln TFP _ LP	cost	ln TFP _ LP
ln digit	0.036***	−0.093***	0.033***
	(0.010)	(0.023)	(0.011)
cost			−0.307***
			(0.011)
控制变量	是	是	是
N	3412	3412	3412
adj-R^2	0.709	0.171	0.825
Sobel 检验			4.081***
F (Prob>chi2)	0.0000	0.0000	0.0000
时间效应	是	是	是
企业效应	是	是	是
行业效应	是	是	是
省份效应	是	是	是

注：*、**、*** 分别表示在 10%、5%、1% 水平下显著；( ) 内数值为企业层面的聚类稳健标准误。

表 6-1 的估计结果表明，数字化可以通过降低交易成本提升服务业生产率的结论得到验证，即交易成本是数字化提升服务业生产率的重要作用路径之一。具体来看，列（1）为式（6-1）的估计结果，显示数字化对服务业生产率的影响系数为 0.036，并且通过了 1% 水平下的显著性检验。正如第三章理论分析部分所言，服务业数字化，一方面表现为服务供给自动化，可以提高服务的交易效率；另一方面创造出新形式的服务，拓宽了服务的供给种类与范围，提高服务供给与需求的匹配效率，这均可提升服务业生产率。列（1）的估计结果也意味着可以继续检验中介效应的存在性。列（2）为式（6-2）的估计结果，表明数字化水平对交易成本的影响在 1% 的显著性水平下通过了检验，系数显著为负。这说明，随着服务业企业数字化水平的提高，服务业企业的交易成本会呈现出下降趋势，这与前文的理论机制分析基本一致。数字技术一方面实现了低成本获取信息，另一方面实现了有效、快速传播信息，这大大降低了企业的搜寻成本、复制成本、运输成本、追

踪成本和验证成本等交易成本。列（3）为式（6-3）的估计结果，结果显示在纳入数字化与交易成本变量的模型中，交易成本的系数为-0.307，且通过了1%水平下的显著性检验。这表明，交易成本越低，服务业生产率越高。因此，结合列（2）的结果，根据温忠麟（2004）的研究，可以认为，数字化的发展有利于降低企业的交易成本，而交易成本的降低有助于提升服务业生产率。换言之，交易成本是数字化影响服务业生产率的重要作用路径。与此同时，Sobel 检验的结果也通过了检验。此外，列（3）显示，数字化对服务业生产率的影响系数显著为0.033，略小于列（1）中的系数0.036。这表明，在数字化促进服务业生产率的过程中，交易成本起到了部分中介效应。

三、要素配置优化路径的实证检验

数字化对要素配置的优化效应主要表现在两个方面：一是丰富了服务业生产要素，数据要素成为重要的生产要素之一。在数字化时代下，数据成为新的关键生产要素，能够作为独立的生产要素进入到生产、分配、流通、消费等环节。二是数据要素优化了服务业中资本、劳动力等传统要素的配置。数据的高渗透性使得其能够与资本、劳动力等传统生产要素相融合，推动了传统生产要素深刻变革与优化重组，实现了生产要素向多元化、复杂化以及高级化发展，从而提升整体要素配置水平与生产率。要素的优化配置不仅会直接提升服务业生产率，而且还会通过企业创新、企业的进入退出行为等途径提高服务业生产率。关于这一作用路径的检验结果如表6-2所示。

表6-2　数字化影响服务业生产率的作用路径检验：要素配置优化路径结果表

变量	(1)	(2)	(3)	(4)	(5)
	ln TFP _ LP	K _ dis	ln TFP _ LP	labor _ dis	ln TFP _ LP
ln dig*it*	0.036*** (0.010)	-0.086* (0.047)	0.032** (0.013)	-0.002* (0.001)	0.006*** (0.001)
K _ dis			-0.028*** (0.006)		
labor _ dis					-0.768*** (0.052)
控制变量	是	是	是	是	是
N	3412	3412	3412	3412	3412
adj-R^2	0.709	0.023	0.696	0.260	0.725
Sobel 检验			2.131**		1.741*
F（Prob>chi2）	0.0000	0.0000	0.0000	0.0000	0.0000
时间效应、企业效应	是	是	是	是	是
行业效应、省份效应	是	是	是	是	是

注：*、**、***分别表示在10%、5%、1%水平下显著；（）内数值为企业层面的聚类稳健标准误。

表6-2表明，数字化的确可以通过提高资本、劳动力要素的配置水平来提升服务业生产率。具体来看，列（1）为式（6-1）的估计结果。结果显示，数字化对服务业生产率的影响系数显著为0.036，即数字化对服务业生产率的提升效应显著存在，因此可以继

续检验中介效应。列（2）表明，数字化水平每提升一个百分点，资本要素错配程度显著降低 0.086 个百分点。这意味着，数字化的发展有利于优化资本要素的配置。列（3）的估计结果显示，在纳入数字化与资本要素错配的模型中，资本要素错配变量的影响系数为 -0.028，通过了 1% 水平下的显著性检验。因此可以认为，数字化有利于优化企业的资本要素配置，进而提升服务业生产率。与此同时，系数通过了 Sobel 检验。这表明，资本要素配置优化是数字化提升服务业生产率不可或缺的作用路径。

鉴于在劳动力要素配置优化路径检验过程中，数字化对服务业生产率的总效用并未改变，表 6-2 中并未重复汇报式（6-1）的估计结果。列（4）表明，数字化对劳动力要素错配的影响在 10% 水平下的显著性为负。这说明，随着企业数字化发展，企业劳动力要素配置水平随之上升，这与前文的机制分析一致。列（5）的估计结果显示，在纳入数字化与劳动力要素错配的模型中，劳动力要素错配变量的系数显著为 -0.768。这意味着，数字化可以通过优化服务业中劳动力要素的配置来提升服务业生产率，即劳动力要素配置优化是数字化提升服务业生产率不可或缺的作用路径，并且通过了 Sobel 检验。此外，列（3）、列（5）显示，数字化对服务业生产率的影响系数均小于列（1）中的系数。这表明，在数字化促进服务业生产率的过程中，资本要素配置、劳动力要素配置起到了部分中介效应。

四、商业模式创新激励路径的实证检验

数字化通过深化价值主张、价值创造与传递、价值获取、价值网络等方面推动了服务业的商业模式创新。比如，数字化为服务业企业清晰界定、识别消费者的需求，以及提供精准服务奠定了基础，这有利于实现价值主张创新；数字化使得服务业企业为消费者创造了新的价值，实现了价值创造与传递创新；数字化改变了企业利润来源，实现了价值获取创新；数字化的发展不仅使得消费者逐渐成为企业供给服务产品过程中重要的主体，而且优化了企业之间的交互模式，推动了价值网络创新。进一步而言，服务业企业的商业模式创新一方面改变了传统的服务供给模式，使原本不可贸易的服务、难以满足的需求在更大的空间内实现，提高交易效率与生产率；另一方面带来的企业成本结构逐渐优化、生产环境中非确定性因素造成的消极影响逐渐弱化，均为服务业生产率的提升奠定了基础。为验证上述作用路径，本部分采用前文构建的中介效应模型对其进行检验。具体结果如表 6-3 所示。

表 6-3 数字化影响服务业生产率的作用路径检验：商业模式创新激励路径与专业化分工深化路径结果表

变量	(1)	(2)	(3)	(4)	(5)
	ln TFP _ LP	busi _ inn	ln TFP _ LP	VSI	ln TFP _ LP
ln digit	0.036*** (0.010)	0.190*** (0.015)	0.023* (0.012)	0.005*** (0.001)	0.031*** (0.012)
busi _ inn			0.145*** (0.026)		
VSI					0.045*** (0.008)

续表

变量	(1)	(2)	(3)	(4)	(5)
	ln TFP _ LP	busi _ inn	ln TFP _ LP	VSI	ln TFP _ LP
控制变量	是	是	是	是	是
N	3412	3412	3412	3412	3412
adj-R^2	0.709	0.485	0.789	0.203	0.771
Sobel 检验			5.341***		1.832*
F (Prob>chi2)	0.0000	0.0000	0.0000	0.0000	0.0000
时间效应、企业效应	是	是	是	是	是
省份效应、行业效应	是	是	是	是	是

注：*、**、***分别表示在10%、5%、1%水平下显著；( ) 内数值为企业层面的聚类稳健标准误。

模型回归结果表明，数字化可以通过促进服务业商业模式创新提升服务业生产率的结论得到了验证，即商业模式创新激励路径是数字化提升服务业生产率的重要作用路径之一。具体来看，列（1）为式（6-1）的估计结果，结果显示数字化对服务业生产率的影响系数显著为0.036。这奠定了检验中介效应的基础。列（2）为式（6-2）的估计结果，结果表明，数字化水平对服务业企业商业模式创新的影响系数在1%水平下显著为0.190。这说明，随着企业数字化水平的提高，可以通过深化价值主张、价值创造与传递、价值获取、价值网络等方面推动服务业的商业模式创新，比如共享经济、平台经济、网络型生产组织等，这与前文的机制分析基本一致。列（3）为式（6-3）的估计结果，结果显示，在同时纳入数字化与商业模式创新变量的模型中，商业模式创新变量的系数为0.145，并且通过了1%水平下的显著性检验。这意味着，服务业商业模式创新水平的提高可以显著提升服务业生产率。结合列（2）的结果可以认为，数字化的发展有利于激励服务业商业模式创新，商业模式创新有助于提升服务业生产率。换言之，商业模式创新是数字化影响服务业生产率的重要作用路径。与此同时，Sobel检验的结果也通过了检验。进一步来说，列（3）中数字化变量的系数显著为0.023，小于列（1）中的系数。这表明，在数字化提升服务业生产率的过程中，商业模式创新起到了部分中介效应。

五、专业化分工深化路径的实证检验

以大数据、云计算、5G、区块链、人工智能、物联网等为代表的新一代数字技术使得信息的储存、扩散与传播更为便捷与迅速。因此，数字化可以降低企业之间的协调成本，包括搜寻成本、契约签订成本、监督控制成本、其他相关成本等成本。根据Becker et al.（1992）的观点，协调成本是制约分工和专业化发展的关键因素。因此，数字化的发展可以通过降低协调成本推动企业专业化分工深化。亚当·斯密在《国富论》中明确指出，专业化分工能够提高劳动者的生产率并且带来经济长期持久显著的增长。经分析发现，专业化分工的深化可以通过规模经济效应、比较优势效应、技术溢出效应提升服务业生产率。

为验证上述专业化分工的作用路径，本部分采用前文构建的中介模型对其进行检验。具体结果如表6-3中列（1）、列（4）、列（5）所示。其中，列（1）为式（6-1）的估计结果，即数字化影响服务业生产率的总效用；列（4）为式（6-2）的估计结果，即数字化对企业专业化分工的影响效应；列（5）为式（6-3）的估计结果，即同时纳入数字化、专业化分工变量，估计专业化分工对服务业生产率的影响。估计结果表明，在数字化提升服务业生产率的过程中，专业化分工深化路径是重要的作用路径之一。

具体来看，表 6-3 中列（1）的估计结果显示，数字化对服务业生产率的总效用系数在 1%水平下显著为 0.036。这表明，可以继续检验中介效应的存在性。列（4）表明，数字化水平每增加 1 个百分点，专业化分工水平提高 0.005 个百分点，并且通过了 1%水平下的显著性检验。这说明，随着企业数字化水平的提高，企业的专业化分工逐渐深化，这与前文的机制分析基本一致。列（5）的估计结果显示，在纳入数字化与专业化分工的模型中，专业化分工变量的系数为 0.045，并且通过了 1%水平下的显著性检验。这表明，企业进行专业化分工有助于提升服务业生产率。结合列（1）、列（4）、列（5）的估计结果，可以发现，在数字化提升服务业生产率的过程中，专业化分工的作用路径显著存在，并且通过了 Sobel 检验。换言之，数字化的发展可以推动企业实现专业化分工，进而专业化分工会提高服务业生产率。此外，结合列（1）和列（5）估计结果中数字化变量的系数大小及其显著性，可以发现，在数字化促进服务业生产率的过程中，专业化分工起到了部分中介效应。

第二节　数字化影响服务业生产率的调节机制检验

为更好地验证理论分析部分阐释的数字化影响服务业生产率的调节机制，本节首先构建检验机制的固定效应模型，并对相关变量的选取与量化进行说明；其次检验市场化、高技能劳动力对数字化与服务业生产率二者关系的影响。

一、模型设定与变量说明

根据第三章的分析，数字化影响服务业生产率的调节机制主要包括市场化水平、高技能劳动力。对此，为验证此类机制的存在性，本节对基准固定效应模型进行拓展，即加入交互项，具体模型如下：

$$\ln TFP\_LP_{it} = a + a_1 \ln digit_{it} + a_2 \ln digit_{it} \# D_{it} + a_3 D_{it} + a_4 X_{it} + \delta_i + \eta_t + \mu_t + \upsilon_t + \varphi_{it} \quad (6-10)$$

式中：i 表示企业，$i=1,2,\cdots,N$；t 表示时间，$t=1,2,\cdots,T$；$\ln TFP\_LP_{it}$ 表示服务业中 i 企业在 t 年的生产率；$\ln digit_{it}$ 表示服务业中 i 企业在 t 年的数字化水平；D_{it} 表示调节变量；X_{it} 表示影响服务业企业生产率的其他变量，即控制变量；a 表示常数项；a_1，a_2，a_3，a_4 分别表示相应解释变量的回归系数，其中 a_2 是本节关注的重点，若 a_2 为正，则表明调节变量增强了数字化对服务业生产率的积极影响，反之，则相反；δ_i 表示企业固定效应；η_t 表示年份固定效应；μ_t 表示行业固定效应；υ_t 表示省份固定效应；φ_{it} 表示随机误差项。

本节所涉及的调节变量包括市场化水平、高技能劳动力。具体说明如下。

（一）市场化水平（market）

现有研究关于市场化水平的衡量主要包括以下几类：一是采用中国分省份市场化进程指数。自2001年以来，国民经济研究所致力于编制中国逐年分省份的市场化指数以更清晰地认识中国的市场化进程（樊纲等，2011），该指数得到了学者的广泛使用。二是在樊纲等（2011）研究基础上，拓展市场化水平指标评价体系。限于官方公布市场化进程指数的连续性与可获取性，一些学者在原有指数的基础上进行延展。比如，赵文军等（2014）新增和调整部分基础指标，拓展市场化进程指数测度范围。马连福等（2015）将市场化指数匹配与应用至地级市层面，并根据历年市场化指数的平均增长幅度将测算时间范围扩大。三是考虑到数据的获取难度，采用较为简单的指标衡量市场化水平。如采用城镇民营单位从业人数占城镇单位全部从业人员数的比例、民营经济固定资产投资的比例、民营单位就业人数占总就业人数的比例等指标（孙早等，2018）。由于樊纲等（2011）编制的市场化指数从多个角度详尽地评估了市场化的水平与发展特征，并且可以进行对比分析。因此，本书采用该指数作为市场化变量的替代变量。同时，为保证研究的可靠性，以民营企业就业人数与总就业人数的比值作为市场化水平的另一个替代变量，同时检验市场化的调节效应。

（二）高技能劳动力（high）

现有研究中关于高技能劳动力划分的主流做法是根据受教育程度进行划分。比如，Acemoglu（2002）认为高技能劳动力是指拥有大学及以上学历的员工。宁光杰等（2014）采用大学及以上教育程度劳动者占总体员工比例来衡量企业的高技能劳动力状况。邵文波等（2014）在探讨国家层面的信息技术与劳动力需求结构关系的过程中，根据国际教育标准分类等级，将劳动力按教育水平分为高、中、低3类。邵文波等（2018）基于中国企业层面的数据探讨信息化与高技能劳动力相对需求时，限于数据的可得性将拥有大专及以上学历的劳动力划分为高技能劳动力。此外，也有学者采用其他变量表示高技能劳动力，如员工中非生产工人比例、员工中技能型生产工人比例、专业技术人员（宋冬林等，2010；宁光杰等，2014）。鉴于此，本书采用主流做法，将大学及以上教育程度员工占总员工的比例作为高技能劳动力的代理变量。数据由作者对CSMAR中的上市公司基本信息子库的相关信息进行手工整理而得。

二、市场化的调节作用检验

理论上，充分发挥数字化提升服务业生产率效应的前提与基础是数据要素配置具有有效性。与此同时，需要资本、劳动力、技术等传统要素的组合与支撑。在这一过程中，市场化水平的高低起着不可替代的作用。政府经济干预程度的减少、经济民营化程度的加深、产品市场化水平的提高、要素市场化水平的提高、市场经济法律制度的完善，都是市场化水平提高的表现。市场化水平的提高不仅为数字技术的普及与应用提供了良好的市场环境，为数字化赋能服务业生产率奠定了基础，而且有助于企业根据市场需求更加快速、有效地调整数据、资金、劳动力等生产要素以应对外在冲击。总而言之，市场化水平的高低会直接影响数字化对服务业生产率提升效应的大小。为验证这一机制，本部分采用前文构建的式（6-10）对其进行检验，具体结果见表 6-4 列（1）至列（4）。

表 6-4　数字化影响服务业生产率的调节机制检验：市场化与高技能劳动力结果表

变量	(1)	(2)	(3)	(4)	(5)	(6)
	ln TFP _ LP	ln TFP _ LP	ln TFP _ LP	ln TFP _ LP	ln TFP _ LP	ln TFP _ LP
ln digit	-0. 007 (0. 005)	-0. 067 (0. 044)	0. 232 *** (0. 026)	0. 078 *** (0. 019)	0. 081 *** (0. 016)	0. 292 * (0. 154)
ln digit#market	0. 005 ** (0. 002)	0. 012 ** (0. 005)	0. 098 *** (0. 020)	0. 038 *** (0. 015)		
market	0. 360 (0. 280)	0. 013 (0. 028)	-0. 061 (0. 087)	0. 001 (0. 070)		
ln digit#high					0. 005 *** (0. 001)	0. 138 * (0. 084)
high					0. 258 ** (0. 105)	-0. 311 (0. 191)
size		0. 191 *** (0. 426)		0. 864 *** (0. 019)		0. 190 *** (0. 634)
owncon		0. 004 *** (0. 001)		0. 003 * (0. 001)		0. 006 *** (0. 002)
finance		0. 317 *** (0. 091)		0. 428 *** (0. 076)		0. 171 * (0. 102)
age		0. 391 *** (0. 128)		0. 008 (0. 015)		-0. 026 (0. 025)
liquid		-0. 097 *** (0. 023)		-0. 022 *** (0. 003)		-0. 025 *** (0. 006)
owner		0. 075 * (0. 039)		0. 096 ** (0. 039)		0. 118 *** (0. 046)
ROA		0. 608 *** (0. 107)		0. 624 *** (0. 106)		0. 299 ** (0. 130)
fix		0. 245 ** (0. 125)		0. 274 ** (0. 122)		0. 670 *** (0. 182)
board		-0. 010 (0. 074)		-0. 019 (0. 074)		0. 078 (0. 099)
ass		0. 039 (0. 089)		-0. 027 (0. 097)		-0. 038 (0. 107)
trade		0. 251 * (0. 138)		0. 279 ** (0. 139)		0. 133 (0. 181)
struc		-0. 251 (0. 710)		-0. 188 (0. 751)		2. 754 * (1. 551)
gdps		0. 192 (0. 225)		0. 004 (0. 005)		0. 133 (0. 316)

续表

变量	(1)	(2)	(3)	(4)	(5)	(6)
	ln TFP _ LP	ln TFP _ LP	ln TFP _ LP	ln TFP _ LP	ln TFP _ LP	ln TFP _ LP
fdi		-0.296 (0.706)		-0.168 (0.706)		-0.013 (0.024)
urban		-0.264 (0.396)		-0.001 (0.007)		0.013 (0.011)
human		0.023 (0.038)		0.033 (0.038)		0.068 (0.048)
N	3412	3412	3412	3412	3412	3412
adj-R^2	0.419	0.709	0.408	0.709	0.408	0.631
F (Prob>chi2)	0.0000	0.0000	0.0000	0.0000	0.0000	0.0000
时间效应	是	是	是	是	是	是
企业效应	是	是	是	是	是	是
行业效应	是	是	是	是	是	是
省份效应	是	是	是	是	是	是

注：*、**、***分别表示在10%、5%、1%水平下显著；( )内数值为企业层面的聚类稳健标准误。

表6-4的结果表明，无论采用何种方式量化市场化水平，市场化水平越高，数字化对服务业生产率的提升效应越显著，即市场化进一步释放了数字化对服务业生产率的提升效应。其中，列（1）、列（2）中的市场化水平采用市场化指数量化，列（3）、列（4）中的市场化水平采用民营企业就业人数与总就业人数之比量化。列（1）表明，在不纳入控制变量的前提下，数字化变量与市场化变量的交互项（ln dig*it*#market）影响系数在5%水平下显著为0.005，即市场化进一步释放了数字化对服务业生产率的积极作用。换言之，随着市场化水平的提高，数字化对服务业生产率的提升效应呈现放大趋势。列（2）表明，在纳入控制变量的前提下，数字化变量与市场化变量的交互项（ln dig*it*#market）影响系数在5%水平下显著为0.012，即市场化水平正向调节了数字化与服务业生产率的关系，进一步验证了市场化可以增强数字化提升服务业生产率的效应。列（3）、列（4）中的结果亦是如此，只不过在影响系数的大小以及显著性水平方面发生了些许变化。数字化与市场化水平的交叉项（ln dig*it*#market）影响系数在1%水平下分别显著为0.098、0.038，即佐证了前文的结论。一方面，市场化水平的提高为数字技术的普及与应用提供了良好的市场环境，为数字化提升服务业生产率奠定了基础；另一方面，市场化水平的提高，推动了数据要素、资本要素以及劳动力要素等的流动与配置，有利于进一步释放数字化对服务业生产率的提升效应。

三、高技能劳动力的调节作用检验

数字化时代下，以大数据、物联网、区块链、云计算、5G、人工智能等为代表的新一代信息技术会对经济社会生活的方方面面产生深远的影响，尤其是对传统的生产要素、生产流程、组织管理等产生变革性的影响。高技能劳动力的教育水平与专业能力往往较高，所以在面对新技术、新知识的冲击时，凭借较高的认知能力与深厚的知识储备很容易掌握和运用新技术，并融入数字化的发展。因而，高技能劳动力会进一步放大数字化对服务业生产率的提升作用。为验证这一机制，本部分采用前文构建的式（6-10）对其进行检验，具体结果如表6-4列（5）与列（6）所示。

表6-4列（5）、列（6）的结果表明，高技能劳动力的确可以增强数字化对服务业生产率的提升效应。具体来看，为了保证估计结果的准确性与稳健性，分别汇报了不纳入控制变量以及纳入控制变量的估计结果。列（5）表明，在不纳入控制变量的前提下，数字化变量与高技能劳动力变量的交互项（ln dig*it*#high）影响系数在1%水平显著为0.005，即高技能劳动力可以增强数字化对服务业生产率的积极作用。这意味着，随着高技能劳动力的增加，数字化对服务业生产率的提升效应越明显。列（6）表明，在纳入控制变量的前提下，数字化变量与高技能劳动力变量的交互项（ln dig*it*#high）影响系数在10%水平下显著为0.138。这表明，高技能劳动力增强了数字化对服务业生产率的提升效应的结论得到了进一步验证。此外，列（5）、列（6）中，数字化变量的影响系数分别为0.081、0.292，并且均通过了显著性检验。这一系数均大于基准回归模型中的数字化影响系数。这在一定程度上也说明，高技能劳动力的确可以增强数字化对服务业生产率的提升效应。在数字技术不断发展与应用的前提下，一般而言，中低技能劳动力更多的是胜任可标准化、重复性的岗位，很容易被自动化技术所替代。与之相反的是，高技能劳动力能够胜任的岗位多是不可标准化的，被自动化设备取而代之的概率相对较小，比如科研、设计工作等。换言之，在面对新技术、新知识的冲击时，高技能劳动力可以将数字技术最大化应用在企业的生产、组织管理中，充分释放数字化“红利”，进而有利于增强数字化对服务业生产率的提升效应。

第三节　数字化影响服务业生产率的拓展性分析

前文实证检验了数字化对服务业生产率的提升效应，以及这种提升效应的作用路径、调节机制，为本书的理论分析框架提供了经验证据支撑。然而，数字化对服务业生产率的影响可能并不是简单的线性关系。与此同时，数字化对服务业生产率的影响效应也可能是长期的。对此，本节的策略在于：一是借助固定效应回归模型，探讨数字化与服务业生产率之间可能存在的非线性关系；二是采用均值面板回归模型，检验数字化提升服务业生产率的效应及机制在长期是否依然存在。

一、数字化对服务业生产率的非线性影响分析

数字技术的典型特征之一是遵循梅特卡夫定律，即网络的价值与用户数的平方项之间成正相关关系，其价值与效益呈指数型增长并不断自我增强。换言之，数字化对服务业生产率的积极影响可能会随着数字技术的普及率的扩大以及渗透度的加深而放大。也有学者对此展开了详细研究，如Czernich et al.（2011）发现，在10%的宽带渗透率上下，宽带对经济增长的影响发生了明显变化。郭家堂等（2016）指出，互联网与全要素生产率之间并不是简单的线性关系。汪东芳等（2019）验证了互联网对全要素能源效率的积极影响，并发现这种影响存在门槛效应。赵涛等（2020）认为，在网络效应的前提下，数字

技术与经济高质量发展之间并不是严格单调递增关系，而具有边际效应递增的趋势。那么，数字化对服务业生产率的影响是否也呈现出边际效应递增的发展规律呢?

下文将实证检验数字化与服务业生产率之间是否存在这种非线性规律。考虑到非平衡面板数据不可使用门槛回归模型，本节将采用如下固定效应模型进行检验：

$$\ln TFP\_LP_{it} = \alpha + \beta \ln digit_{it} + \lambda \ln digit_{it}^{2} + \gamma X_{it} + \delta_i + \eta_t + \mu_t + \upsilon_t + \varepsilon_{it} \quad (6\text{-}11)$$

式中：i 表示企业，$i=1,2,\cdots,N$；t 表示时间，$t=1,2,\cdots,T$；$\ln TFP\_LP_{it}$ 表示服务业中 i 企业在 t 年的生产率；$\ln digit_{it}$ 表示服务业中 i 企业在 t 年的数字化水平；$\ln digit_{it}^{2}$ 表示服务业中 i 企业在 t 年的数字化水平的平方项；X_{it} 表示影响服务业企业生产率的其他变量，即控制变量；α 表示常数项；β 表示数字化变量的估计系数，表征数字化影响服务业生产率的程度；λ 表示数字化平方项对服务业生产率的影响程度，β 与 λ 是本节关注的核心系数；γ 表示控制变量对服务业企业生产率的影响系数；δ_i 表示企业固定效应；η_t 表示年份固定效应；μ_t 表示行业固定效应；υ_t 表示省份固定效应；ε_{it} 表示随机误差项。

数字化对服务业生产率的非线性影响估计结果如表 6-5 所示。可以发现，随着数字化水平的不断提升，其对服务业生产率的影响呈现出明显的边际效应递增的非线性特征。具体而言，列（1）至列（3）为在控制时间、企业固定效应的基础上，依次纳入企业、行业、区域层面控制变量的结果。结果显示，数字化、数字化平方项对服务业生产率的影响系数均显著为正。列（4）至列（5）为在列（3）的基础上依次控制行业固定效应与省份固定效应的结果。结果显示，数字化对服务业生产率的影响系数以及数字化平方项对服务业生产率的影响系数均并未产生根本性的变化，只不过在影响系数大小与统计上的显著性方面有所不同。由列（5）可知，数字化水平对服务业生产率的影响系数在 10% 水平下显著为 0.046；数字化平方项对服务业生产率的影响系数在 5% 水平下显著为 0.081。这表明，一方面，服务供给的自动化、新形式服务的出现均可提升服务业生产率；另一方面，随着数字化水平的提高，数字化提升服务业生产率的边际作用会增强。换言之，从整体上而言，随着数字化水平的不断提升，其对服务业生产率的影响呈现出边际效应递增的非线性特征。

表 6-5　数字化对服务业生产率的影响：非线性特征结果表

变量	(1)	(2)	(3)	(4)	(5)
	ln TFP _ LP	ln TFP _ LP	ln TFP _ LP	ln TFP _ LP	ln TFP _ LP
ln digit	0.046*	0.045*	0.046*	0.046*	0.046*
	(0.002)	(0.003)	(0.003)	(0.003)	(0.003)
ln digit²	0.083**	0.080**	0.081**	0.081**	0.081**
	(0.004)	(0.004)	(0.004)	(0.004)	(0.004)
size	0.743***	0.743***	0.743***	0.743***	0.743***
	(0.040)	(0.040)	(0.040)	(0.040)	(0.040)
owncon	0.002	0.002	0.003	0.003	0.003
	(0.085)	(0.085)	(0.084)	(0.084)	(0.084)
finance	0.131	0.133	0.122	0.122	0.122
	(0.222)	(0.217)	(0.211)	(0.211)	(0.211)

续表

变量	(1)	(2)	(3)	(4)	(5)
	ln TFP _ LP	ln TFP _ LP	ln TFP _ LP	ln TFP _ LP	ln TFP _ LP
age	0.033** (0.014)	0.036 (0.021)	0.040* (0.023)	0.040* (0.023)	0.040* (0.023)
liquid	-0.025*** (0.005)	-0.025*** (0.005)	-0.025*** (0.005)	-0.025*** (0.005)	-0.025*** (0.005)
owner	0.112** (0.041)	0.108*** (0.037)	0.107*** (0.037)	0.107*** (0.037)	0.107*** (0.037)
ROA	0.455** (0.177)	0.458** (0.173)	0.455** (0.174)	0.455** (0.174)	0.455** (0.174)
fix	0.017 (0.025)	0.017 (0.025)	0.017 (0.025)	0.017 (0.025)	0.017 (0.025)
board	-0.103 (0.088)	-0.099 (0.091)	-0.098 (0.092)	-0.098 (0.092)	-0.098 (0.092)
ass		0.122 (0.111)	0.135 (0.125)	0.135 (0.125)	0.135 (0.125)
trade		0.308** (0.123)	0.342** (0.151)	0.342** (0.151)	0.342** (0.151)
struc		0.054 (0.152)	0.045 (0.158)	0.045 (0.158)	0.045 (0.158)
gdps		-0.114 (0.278)	-0.042 (0.304)	-0.042 (0.304)	-0.042 (0.304)
fdi			-0.003 (0.016)	-0.003 (0.016)	-0.003 (0.016)
urban			-0.333 (0.485)	-0.333 (0.485)	-0.333 (0.485)
human			0.236 (0.481)	0.236 (0.481)	0.236 (0.481)
_ cons	4.450*** (0.727)	4.700*** (1.354)	5.160** (2.155)	5.160** (2.155)	5.160** (2.155)
N	3412	3412	3412	3412	3412
adj-R^2	0.682	0.683	0.684	0.684	0.684
F (Prob>chi2)	0.0000	0.0000	0.0000	0.0000	0.0000
时间效应	是	是	是	是	是
企业效应	是	是	是	是	是
行业效应	否	否	否	是	是
省份效应	否	否	否	否	是

注：*、**、***分别表示在10%、5%、1%水平下显著；( ) 内数值为企业层面的聚类稳健标准误。

究其原因，主要是在于：第一，目前，虽然大数据、互联网、云计算、人工智能、区块链、物联网等数字技术得到了的应用，但是数字化并不是一蹴而就的，而是一个长期的过程。在数字化初期，主要是相关的基础设施不断完善的过程，数字化对服务业生产率的提升效应也初见成效。随着数字化相关基础设施的完善，数字化相关技术广泛应用，数字化对服务业生产率会产生更加明显的提升效应，这一点在调整样本范围的稳健性检验中也得到了验证。第二，在数字化时代，数据成为关键生产要素，而这一要素被普遍认为具有边际报酬递增的特征。随着数字技术应用范围的扩大、应用程度的提高，以及互联互通规模的扩张，其所产生和累积的数据量也在逐渐提高，甚至呈现指数式增长的特征。数据量的扩大也相应为服务供给与需求的高效匹配、跨区域供给以及服务的储存等奠定了基础。因此，这种随着数字化发展程度的提高所引致的数据量的提升，也将会促使数字化对服务业生产率的提升作用呈现出边际效应递增的非线性规律。

二、数字化对服务业生产率的长期效应分析

（一）长期效应检验分析

前文的分析均探讨的是数字化对服务业生产率的短期影响，那么，在长期中数字化对服务业生产率的提升效应是否依然存在呢？为此，本部分将借鉴荀琴等（2018）的研究，采用均值面板数据进行回归。考虑到样本期间相对较短，即仅为 9 年，本书将选取所有变量非重叠的 3 年时间段的均值，构成均值面板数据。具体而言，采取每 3 年移动平均的方法来构建均值面板数据，此时数据的样本时期为：2011—2013 年均值，2012—2014 年均值……2017—2019 年均值。同时为了保证研究结果的科学性、稳健性，本书汇报了纳入不同层面控制变量、不同类型固定效应的回归结果。具体结果见表 6-6。

表 6-6　数字化对服务业生产率的影响：长期效应结果表

变量	(1)	(2)	(3)	(4)	(5)	(6)
	ln TFP _ LP	ln TFP _ LP	ln TFP _ LP	ln TFP _ LP	ln TFP _ LP	ln TFP _ LP
ln digit	0.020***	0.012**	0.012**	0.012**	0.012**	0.012**
	(0.005)	(0.005)	(0.005)	(0.005)	(0.005)	(0.005)
size		0.624**	0.646**	0.656**	0.656**	0.656**
		(0.288)	(0.287)	(0.288)	(0.288)	(0.288)
owncon		−0.003	−0.005	−0.005	−0.005	−0.005
		(0.023)	(0.023)	(0.023)	(0.023)	(0.023)
finance		1.186**	1.193**	1.177**	1.177**	1.177**
		(0.475)	(0.473)	(0.478)	(0.478)	(0.478)
age		0.525*	0.562*	0.573**	0.573**	0.573**
		(0.268)	(0.290)	(0.292)	(0.292)	(0.292)
liquid		−0.108**	−0.108**	−0.110**	−0.110**	−0.110**
		(0.050)	(0.050)	(0.051)	(0.051)	(0.051)
owner		0.836	0.606	0.649	0.649	0.649
		(0.779)	(0.782)	(0.791)	(0.791)	(0.791)

续表

变量	(1)	(2)	(3)	(4)	(5)	(6)
	ln TFP _ LP	ln TFP _ LP	ln TFP _ LP	ln TFP _ LP	ln TFP _ LP	ln TFP _ LP
ROA		0.389 (2.069)	-0.183 (2.082)	-0.214 (2.097)	-0.214 (2.097)	-0.214 (2.097)
fix		-1.054 (1.907)	-1.083 (1.901)	-1.082 (1.908)	-1.082 (1.908)	-1.082 (1.908)
board		-1.814 (1.229)	-1.740 (1.225)	-1.734 (1.228)	-1.734 (1.228)	-1.734 (1.228)
ass			4.480** (2.072)	4.570** (2.106)	4.570** (2.106)	4.570** (2.106)
trade			1.332 (2.379)	1.740 (2.605)	1.740 (2.605)	1.740 (2.605)
struc			-5.017** (2.128)	-5.239** (2.216)	-5.239** (2.216)	-5.239** (2.216)
gdps			4.284 (2.616)	4.938 (3.344)	4.938 (3.344)	4.938 (3.344)
fdi				0.140 (0.296)	0.140 (0.296)	0.140 (0.296)
urban				-0.030 (0.093)	-0.030 (0.093)	-0.030 (0.093)
human				-0.093 (0.560)	-0.093 (0.560)	-0.093 (0.560)
N	1600	1600	1600	1600	1600	1600
adj-R^2	0.043	0.105	0.116	0.116	0.116	0.116
F (Prob>chi2)	0.0000	0.0000	0.0000	0.0000	0.0000	0.0000
时间效应	是	是	是	是	是	是
企业效应	是	是	是	是	是	是
行业效应	否	否	否	否	是	是
省份效应	否	否	否	否	否	是

注：*、**、***分别表示在10%、5%、1%水平下显著；( ) 内数值为企业层面的聚类稳健标准误。

由表6-6可知，无论是否纳入控制变量以及是否控制行业、省份层面的固定效应，数字化在长期中均能够显著提升服务业生产率。列（1）至列（6）显示，数字化对服务业生产率的影响系数均为正，只不过在影响系数大小与统计上的显著性方面有所不同。列（6）表明，数字化水平每提高1个百分点，服务业生产率提升0.012个百分点，并且通过了5%水平下的显著性检验。这表明，数字化对服务业生产率的提升效应在长期中依然存在。

本书认为，数字化对服务业生产率的提升效应在长期中依然显著存在的原因，主要包括以下几点：一是数字化的发展不断深入推进。2016—2020 年，我国数字经济对服务业渗透率由 29.6%上涨至 40.7%，始终居于三大产业之首。2020 年，在疫情冲击和全球经济下行的影响下，我国数字经济依然显现出强劲的增长之势，其规模达 39.2 万亿元，同比增长了 9.7%，远高于同期 GDP 名义增长速度，成为稳定经济增长的关键动力。在线办公、在线体育、互联网医疗、在线教育、网络视频等数字化新业态、新模式不断出现，“无接触”“宅生活”“云消费”等数字化生活逐渐普及（王伟玲等，2020）。二是数据的不断累积及其边际效应递增特性。数据要素是数字化时代新的关键生产要素，该生产要素也具有新的特征，尤其是边际效应递增特征。即随着数据的不断积累，数据所带来的价值呈指数型增长趋势。三是数字技术具有可编辑性和自我迭代性。这一特性使得数字化对企业组织、管理等方面的影响具有自我迭代与不断孪生性，进一步促进技术革新带来服务业新的商业模式、组织管理系统，进而提高生产率。

（二）长期效应机制检验分析

前文验证了数字化对服务业生产率的提升效应在长期中依然存在。进一步来说，在长期效应中，数字化影响服务业生产率的作用路径、调节机制是否依然存在呢？下文将采用前文建立的中介效应模型对数字化影响服务业生产率长期效应的作用路径进行检验，并采用引入交互项的固定效应模型对数字化影响服务业生产率长期效应的调节机制进行检验。

1. 作用路径检验

在长期效应中，数字化影响服务业生产率的作用路径检验结果如表 6-7 所示。鉴于基准回归模型的结果，即式（6-1）的回归结果已经在表 6-6 的列（6）中汇报，并且考虑到表格大小，表 6-7 中不再汇报该结果。由于基准回归结果中（表 6-6 的列（6）），数字化对服务业生产率的影响系数为 0.012，且通过了 5%水平的检验。因此，可以进一步检验中介效应的存在性。其中，列（1）至列（2）为交易成本节约路径的检验结果，列（3）至列（6）为要素配置优化路径的检验结果，列（7）至列（8）为商业模式创新激励路径的检验结果，列（9）至列（10）为专业化分工效应作用路径的检验结果。

表 6-7 中的结果表明，在长期中，交易成本节约路径、要素配置优化路径、商业模式创新激励路径、专业化分工深化路径依然是数字化提升服务业生产率的重要作用路径。具体而言，列（1）显示，数字化对交易成本的影响系数在 5%水平下显著为负。这表明，在长期中，数字化依然可以降低服务业企业的交易成本。列（2）显示，同时纳入交易成本与数字化变量之后，交易成本对服务业生产率的影响系数在 5%水平下显著为-0.197。即在长期中，数字化的发展可以降低服务业交易成本，从而提升其生产率。列（2）中数字化的影响系数未通过显著性检验，说明在数字化提升服务业生产率的长期过程中，交易成本起到了完全中介效应。列（3）、列（5）中数字化变量的影响系数均为负，并且通过了 10%水平下的显著性检验。这表明，在长期中数字化有助于扭转资本、劳动力要素错配的局面。列（4）、列（6）中资本、劳动力要素错配与服务业生产率呈现显著的负相关。这意味着，在长期中数字化通过优化资本、劳动力要素配置水平，进而提升服务业生产率的机制依然成立。列（7）显示，数字化对服务业商业模式创新的影响系数显著为正。这表明，在长期中数字化有助于推动服务业的商业模式创新。列（8）显示，纳入数字化与创新变量之后，服务业生产率对商业模式创新的弹性系数在 10%水平下显著为 0.553。

表 6-7　数字化对服务业生产率长期影响效应的作用路径检验结果表

变量	(1)	(2)	(3)	(4)	(5)	(6)	(7)	(8)	(9)	(10)
	cost	ln TFP _ LP	K _ dis	ln TFP _ LP	labor _ dis	ln TFP _ LP	busi _ inn	ln TFP _ LP	VSI	ln TFP _ LP
ln digit	-0.005** (0.002)	-0.222 (0.005)	-0.004* (0.002)	-0.089 (0.143)	-0.001* (0.001)	0.011** (0.005)	0.029* (0.016)	-0.129 (0.166)	0.007** (0.003)	0.005 (0.003)
cost		-0.197** (0.083)								
K _ dis				-0.181* (0.097)						
labor _ dis						-1.282*** (0.299)				
busi _ inn								0.553* (0.413)		
VSI										0.009* (0.005)
N	1600	1600	1600	1600	1600	1600	1600	1600	1600	1600
adj-R^2	0.128	0.087	0.016	0.106	0.144	0.123	0.913	0.083	0.255	0.636
F（Prob>chi2）	0.0000	0.0000	0.0000	0.0000	0.0000	0.0000	0.0000	0.0000	0.0000	0.0000
控制变量	是	是	是	是	是	是	是	是	是	是
时间效应	是	是	是	是	是	是	是	是	是	是
企业效应	是	是	是	是	是	是	是	是	是	是
行业效应	是	是	是	是	是	是	是	是	是	是
省份效应	是	是	是	是	是	是	是	是	是	是

注：*、**、***分别表示在10%、5%、1%水平下显著；（）内数值为企业层面的聚类稳健标准误。

这表明在长期中，数字化依然能够通过商业模式创新激励路径提升服务业生产率。此外，列（8）中数字化变量对服务业生产率的影响系数均不显著。这说明，在数字化提升服务业生产率的长期效应中，商业模式创新起到了完全中介效应。列（9）显示，数字化每提升 1 个百分点，专业化分工深化 0.007 个百分点。这意味着，在长期中随着数字化水平的提升，服务业企业专业化分工呈现深化趋势。列（10）显示，专业化分工的影响系数显著为 0.009。这说明，在长期中专业化分工深化路径是数字化影响服务业生产率的重要作用路径。此外，列（10）中数字化变量的影响系数不显著。这意味着，在数字化提升服务业生产率的长期效应中，专业化分工起到了完全中介效应。

2. 调节机制检验

在长期效应中，数字化影响服务业生产率的调节机制检验如表 6-8 所示。其中，市场化水平只采用市场化指数进行量化。整体而言，在长期中市场化水平、高技能劳动力依然增强了数字化对服务业生产率的提升效应。具体而言，列（1）估计结果显示，数字化与市场化变量的交互项（ln digit#market）系数在 5% 水平下显著为 0.262，即市场化进一步释放了数字化对服务业生产率的积极影响。换言之，随着市场化水平的提高，数字化对服务业生产率的提升效应呈现放大趋势。一方面，市场化水平的提高为数字技术的普及与应用提供了良好的市场环境，为数字化提升服务业生产率奠定了基础；另一方面，市场化水平的提高，推动了数据要素、资本要素、劳动力要素等在不同企业之间的流动与配置，有利于增强数字化的对服务业生产率的提升效应。列（2）估计结果显示，数字化与高技能劳动力变量的交互项（ln digit#high）系数在 10% 水平下显著为 0.232，即高技能劳动力增强了数字化对服务业生产率的积极影响。换言之，随着高技能劳动力的增加，数字化对服务业生产率的提升效应越显著。随着数字技术的普及，高技能劳动力的竞争优势更加凸显，更能融入数字化发展，有助于进一步释放数字化对服务业生产率的提升效应。

表 6-8　数字化对服务业生产率长期影响效应的调节机制检验结果表

变量	(1)	(2)
	ln TFP _ LP	ln TFP _ LP
ln digit	0.028*** (0.006)	0.019*** (0.006)
ln digit#market	0.262** (0.126)	
market	0.100 (0.942)	
ln digit#high		0.232* (0.138)
high		-0.704 (1.579)
_ cons	8.802 (22.189)	-25.61 (32.666)
N	1600	1600

续表

变量	(1)	(2)
	ln TFP _ LP	ln TFP _ LP
adj-R^2	0.054	0.099
F（Prob>chi2）	0.0000	0.0000
控制变量	是	是
时间效应、企业效应	是	是
行业效应、省份效应	是	是

注：*、**、***分别表示在10%、5%、1%水平下显著；()内数值为企业层面聚类稳健标准误。

第七章 研究结论与对策建议

围绕“数字化如何影响服务业生产率”这一主题，前文构建并检验了数字化影响服务业生产率的理论分析框架。本章旨在对前文理论与实证分析结果进行简要总结，并结合现实发展情况，对如何更好地实现数字化提升服务业生产率的效应提出相应的政策建议。

第一节 研究结论

服务业已成为中国第一大产业，直接关乎我国总体经济发展水平和质量，是中国经济转型升级发展的重要引擎。然而理论与经验证实，若服务业在三大产业中占比最高，则在一定程度上会降低经济增长速度。这使得如何提高服务业生产率显得尤为重要。目前，中国处于数字化时代与服务经济时代的“双时代”。数字化场景已出现在经济社会生活的各个领域，数字化成为经济发展的新方向。数字化与服务业的深度融合也为服务业的发展提供了新契机。然而，遗憾的是，关于数字化对服务业生产率的影响却未得到足够的关注。这不仅关乎在服务经济时代，我国经济是否可以保持稳定增长，实现经济的高质量发展，而且关乎数字技术与实体经济相融合的可持续发展，值得进行深入的分析和探讨。因此，本书聚焦于这一话题，从理论与实证两方面，较为系统地考察了数字化影响服务业生产率的总效用、作用路径、调节机制、异质性及其非线性关系、长期效应，具体得到以下研究结论。

第一，基于对数字化以及服务业生产率内涵的界定，本书构建了数字化影响服务业生产率的理论分析框架。一是借鉴 Acemoglu et al.（2018c）的模型思想，将服务业数字化分为两类，即服务供给自动化、新形式服务，同时引入服务业生产函数，构建数字化影响服务业生产率的一般理论模型。结果发现，服务业的数字化发展可以提升其生产率。二是从交易成本节约路径、要素配置优化路径、商业模式创新激励路径、专业化分工深化路径等方面探究数字化影响服务业生产率的路径。具体而言，数字技术降低了服务交易成本，包括搜寻成本、复制成本、运输成本、追踪成本和验证成本，有利于实现服务业的规模经济、长尾效应，消除信息不对称，进而提升服务业生产率。数字化改变了既定要素配比，实现了要素配置的优化，推动了生产要素向多元化、复杂化以及高级化发展，从而提升整体要素配置水平，提高生产率。数字化推动了服务业的商业模式创新，这有利于增强服务供给与需求的匹配度，优化服务业内部结构，提升服务业生产率。得益于数字化的发展，企业之间的协调成本会大大降低，这有利于实现专业化分工，进而提升服务业生产率。三是数字化对服务业生产率的影响效应会受到市场化、高技能劳动力等互补性条件的影响。市场化所带来政府经济干预程度的减少，经济民营化程度的提高，产品与要素市场的完善，市场经济法律制度的健全，进一步释放了数字化对服务业生产率的提升效应。高技能劳动力更能适应数字化发展，增强了数字化对服务业生产率的提升效应。四是服务业细分行业在行业性质、发展规律、提供的服务产品性质等方面有所不同，这使得数字化对服务业生产率的影响机制在服务业细分行业中的具体表现也不同。

第二，基于2011—2019年中国服务业沪深A股上市企业数据分析了服务业数字化水平与生产率水平的发展特征及行业特征。从服务业数字化水平来看：一是服务业数字化水平整体呈上升趋势，并具有阶段性特征。在2017年之前服务业数字化发展水平的增长趋势十分明显，而2017年之后增长趋势有所减缓。二是服务业中数字鸿沟现象明显。服务业数字化水平呈现出鲜明的区域差异，不仅呈现出南北差异现象、胡焕庸线格局，而且还表现为东部高于中西部、中西部水平相当的规律。三是服务业行业中国有企业、民营企业的数字化水平均呈上升趋势，并且国有企业的数字化水平高于民营企业。这也说明民营企业在应用数字技术的过程中存在着更多的困境。四是服务业细分行业的数字化水平整体上均呈现出上升趋势，但具有明显的行业差异性，打破了生产性服务业与生活性服务业的传统分类。其中，信息传输、软件和信息技术服务业的数字化水平最高，并且在研究期内呈现快速增长趋势；金融业，文化、体育和娱乐业，交通运输、仓储和邮政业，教育业，租赁和商业服务业，科学研究和技术服务业等行业的数字化水平相对较高；卫生和社会工作业，房地产业，批发和零售业，水利、环境和公共设施管理业，住宿和餐饮业等行业的数字化水平相对较低。从服务业生产率来看：一是服务业企业的生产率总体呈波动上升趋势。二是区域差距明显。南北差异，胡焕庸线格局，东部、中西部地区较大差距均已显现。三是服务业行业中国有企业、民营企业的生产率水平均呈波动上升趋势，并且国有企业的生产率高于民营企业。四是服务业行业的生产率水平可以划分为3类。第一类是高生产率水平的行业，包括信息传输、软件和信息技术服务业，科学研究和技术服务业，交通运输、仓储和邮政业，房地产业等行业。第二类是中等生产率水平的行业，包括租赁和商务服务业，文化、体育和娱乐业。第三类是低生产率水平的行业，包括教育业，卫生和社会工作，批发和零售业，水利、环境和公共设施管理业，住宿和餐饮业。

第三，本书以2011—2019年中国服务业沪深A股上市公司样本数据为例，实证检验了数字化对服务业生产率的影响效应及机制。一是本书证实了数字化可以显著提升服务业生产率的结论。并且该结论在经过滞后解释变量、工具变量模型、更换服务业企业生产率测算方法、替换核心解释变量、改变样本区间范围、更换标准误的聚类层面等一系列内生性、稳健性检验后依然成立。在稳健性分析中，本书还发现，随着数字化进程的不断推进，数字化对服务业生产率的提升作用也随之得到增强。二是就数字化影响服务业生产率的作用路径而言，交易成本节约路径、要素配置优化路径、商业模式创新激励路径、专业化分工深化路径均显著存在。从交易成本节约路径来看，数字化可以通过降低交易成本来提高服务业生产率。从要素配置优化路径来看，数字化可以优化资本、劳动力要素的配置，要素配置水平的提高促进了服务业生产率的提升。从商业模式创新激励路径来看，数字化的发展可以推动企业商业模式创新，进而提升服务业生产率。从专业化分工深化路径来看，数字化可以推动企业专业化分工，专业化分工的深化会提升服务业生产率。三是就数字化影响服务业生产率的调节机制而言，市场化与高技能劳动力均进一步释放了数字化对服务业生产率的提升效应。市场化水平越高，越有利于数字技术的普及与应用，进一步释放了数字化对服务业生产率的提升效应。在数字化发展的过程中，高技能劳动力的优势越加凸显，更能很好地应用数字技术，融入数字化的发展。因此，高技能劳动力占比越高，数字化对服务业生产率的赋能效果越显著。

第四，数字化对服务业生产率的提升效应在不同企业、不同行业、不同区域之间存在较大差异。其一，从服务业企业微观特征异质性来看，一方面，数字化显著提升了大型服务业企业的生产率，但是在中小型企业中，这一现象并不明显。主要的原因是数字化对服务业生产率产生积极的作用是需要有一定的劳动力、资本等要素相匹配与支撑的。因此企业不可盲目进行数字化发展。另一方面，企业所有制的性质并不会从根本上改变数字化对服务业生产率的促进效应，但是生产率的提升效应在国有企业中更加明显。主要原因是与非国有企业相比，国有企业在资金、规模、科研以及政策等方面具有明显优势，这就为国有企业数字化的发展奠定了基础，其对服务业生产率的带动作用越强。其二，从服务业行业异质性来看，一方面，在数字化水平相对较高的服务业中，数字化对其生产率的影响效应更加凸显，在数字化水平相对较低的服务业中暂未显现。主要是因为，在数字化水平相对较低的服务业中，服务供给与人们需求直接相关，提供消费服务时更注重人与人之间的沟通，数据要素并不是最主要的生产要素，因而数字化的渗透与融合度较低。另一方面，数字化提升了资本、技术密集型服务业的生产率，在劳动密集型服务业中，这一结论并不成立。这主要是因为在资本、技术密集型服务业中，ICT 资本、信息技术、数据要素投入相对较多，这为数字技术的应用奠定了基础，因而数字化的渗透与融合度更高，对生产率的提升效应更显著。其三，从区域异质性来看，一方面，无论是在南方地区还是北方地区，数字化均会显著提升服务业生产率，为服务业的发展实现赋能。并且相对于北方地区，南方地区的数字化发展对服务业生产率的提升作用更为明显。这主要是因为数字化具有技术溢出特性，这不仅能够推进北方地区的数字化进程，而且为北方地区学习服务业发展的先进模式与经验提供了机会。数字化对服务业生产率的提升效应在南方地区略大于北方地区主要是因为，南方地区的数字化水平更高。另一方面，数字化显著提升了胡焕庸线东南侧地区的服务业生产率，而在胡焕庸线西北侧地区这一结论并不成立。主要是因为中国服务业数字化水平具有非均衡性，呈现出东南沿海向西北内陆逐渐降低的趋势，胡焕庸线格局明显。此外，数字化在一定程度上会加剧胡焕庸线西北侧地区的要素流向胡焕庸线东南侧地区，导致胡焕庸线西北侧地区服务业生产率增长缓慢。

第五，从数字化影响服务业生产率的非线性关系与长期效应来看，一是数字化与服务业生产率之间存在非线性关系。换言之，随着数字化水平的提高，数字化对服务业生产率的影响呈现边际效应递增的非线性特征。这种非线性关系的存在不仅在于数字化的发展是一个不断积累、不断深化的过程，而且还在于数据要素被普遍认为具有边际报酬递增的特征。二是长期效应显示，在数字化发展不断深入推进、数字技术自我迭代性和可编辑性、数据要素边际效应递增特征的共同作用下，数字化提升服务业生产率的效应及其作用路径、调节机制在长期中依然显著。

第二节 对策建议

在数字化时代，如何提升服务业生产率，以克服“鲍莫尔病”、打破结构性减速规律，是国家和社会重点关注的话题。这不仅关乎在服务经济时代，我国经济是否可以保持稳定增长，实现经济的高质量发展，而且关乎数字技术与实体经济相融合的可持续发展。在数字化已然成为大势所趋的背景下，本书厘清了数字化对服务业生产率的影响及机制。基于此，结合我国数字化与服务业生产率的现实情况，提出以下政策建议。

一、探索服务业数字化新场景，充分发挥数字化的提升效应

无论是短期效应，还是长期效应，均表明服务业的数字化发展可以显著提升服务业生产率。并且随着数字化水平的不断提升，其对服务业生产率的影响呈现出边际效应递增的非线性特征。数字化发展俨然成为服务业生产率提升、高质量发展的新突破口。因此，需要多措并举推动数字化的发展，不断探索服务业数字化新场景。

第一，加快建设数字新基建，夯实服务业数字化载体。数字基础设施是数字技术在经济中渗透与应用的基础。因此，应重视并进一步促进数字基础设施的建设。比如，加快5G、移动通信网络、光纤宽带“双千兆”网络的建设与升级，统筹布局传感器、云计算、边缘计算等相关数字基础设施，为物联网、区块链、人工智能等新一代数字技术在服务业中的应用提供硬件支撑。同时，重视传统基础设施的数字化转型，比如，交通基础设施的智能化建设、电力物联网的转型、城市基础设施的智慧化升级，包括学院、医院等相关设施的智慧化建设。

第二，努力实现数字技术在核心、关键领域占领新高地。加大核心领域、关键领域的数字技术研发，尤其是“卡脖子”技术研发，以提升数字化发展的核心竞争力，赋予数字化强劲的持续发展能力。一方面，以政府补贴、免税等形式加大对数字技术的研发投入。这不仅包括对关键技术的科技专项项目的投入，也包括对相关重点实验室建设的投入。同时，鼓励多机构跨部门、企业、单位合作研发，引导社会各界对核心数字技术展开攻关，比如集成电路、高精密传感器、量子通信、高端芯片、云计算、工业机器人、物联网、区块链等数字技术。此外，通过积极参与国际科技创新计划，引进与吸收国外数字新技术。另一方面，在攻关技术创新的过程中，高度重视平台的引领与支撑作用。平台有助于实现创新资源的流通与集聚，集聚效应的凸显有利于推动技术创新的进程。因此，要积极搭建研发、共享与共创服务平台，不断提高数字技术的自主性创新能力与水平。

第三，对于数字化水平相对较高的服务业，应加强数字化的投入、公共服务平台的建设，拓宽服务业数据开发利用的范围。一方面，将数字技术灵活应用到企业生产能力、投入产出过程、采购体系、财务管理、营销推广等各个环节，实现数字技术应用的最大化、数字化效应的最大化。另一方面，积极支持引导数字技术渗透性强的行业进行商业模式创新，推进服务业高质量发展。比如平台化、分布式的生产组织形式逐渐兴起。更为重要的是，鼓励企业积极探索适合自身发展的组织方式，实现企业本身网络化，切忌简单地照搬。同时，在生产过程中，要重视服务需求者参与服务供给的过程。主要是因为，在服务需求者全程参与服务供给的过程中会产生大量的数据，这也为充分挖掘消费者需求、提高生产率奠定了基础。

第四，对于数字化水平相对较低的服务业，要量体裁衣地应用数字技术，探索服务业应用数字技术新场景。一方面，针对可以应用数字技术提供服务的行业，比如医疗行业，根据目前数字技术难以有效发挥作用的原因，比如互联网医疗目前存在的窘境，积极探索

数字技术更进一步的渗透与融合。另一方面，针对数字技术难以直接提供服务的行业，比如理发、住宿和餐饮业等居民服务业，可以加强数字技术在此类行业中服务供给与需求的匹配、反馈服务消费者需求等过程中的应用，积极开发数字技术应用的新场景，以为提高服务业生产率奠定基础。

二、逐渐消除区域间数字鸿沟，促进数字化均衡发展

虽然我国服务业数字化水平呈现逐年递增的趋势，但是存在很大的区域差异性，数字鸿沟现象显现。在服务业数字化水平低的地区，比如北方地区以及胡焕庸线西北侧地区，数字技术对服务业生产率的提升效应相对较弱。因此，政府在引导数字化发展的过程中，应积极探索适应各地区发展的、符合各个发展阶段的数字化发展战略，避免我国各个地区之间数字鸿沟扩大，实现服务业数字化的均衡、协调、可持续发展。从而将数字化对服务业生产率的提升效应实现最大化。

第一，在数字化水平较高的地区，比如南方地区、胡焕庸线东南侧地区，应继续加大数字技术在服务业领域的研发与应用。根据数字技术的特征，结合当地的资源禀赋、产业特色，积极引导数字技术与优势服务业的融合发展。更为重要的是，要充分发挥数字化水平较高地区的模范先锋作用。积极号召与引导数字化水平较高地区与数字化水平较低地区之间的合作往来。不仅鼓励地区之间的资金、技术、人才、土地等资源要素的经济合作，而且鼓励数字化水平较高地区总结数字技术的应用与发展经验，并与数字化水平较低地区，比如北方地区、胡焕庸线西北侧地区，积极进行交流与分享，从而提高数字化水平较低地区的数字技术应用水平。

第二，充分发挥政府的宏观调控作用，加大对数字化水平较低地区的扶持政策。一方面，通过实施税收、补贴等优惠政策，引导社会资本、先进技术、相关人才向数字化水平较低地区流入，为数字化水平较低地区的数字技术应用奠定基础。同时不断完善 5G、移动通信网络、光纤宽带“双千兆”网络的建设与升级，为数据的传输、存储提供支撑。另一方面，根据各个地区服务业发展特色，充分调动各方进行数字化发展的积极性，因地制宜地进行数字化发展。只有数字技术的应用实现了普及，数字化的成本才会降低，数字化对服务业生产率产生的促进作用才会更大。

三、制定差异化的企业数字化发展策略

本书发现，与大规模的服务业企业相比，中小企业的人力、物力、财力等生产资源相对不足，技术水平相对较低，如若不根据自身情况一味地进行数字化发展会导致企业已有生产要素以及生产能力无法有效匹配数据要素进行生产，反而对企业生产率的提升并无益处。对此，在当下数字化发展的浪潮下，各个企业应该根据自身发展的实际情况来推进数字化进程。

第一，大规模企业应重视自身数字化的发展。一是不断完善、升级与数字技术相关的基础设施建设。大规模企业应继续关注与发展数字技术，不断完善数字化相关基础设施，包括实现已有设施的数字化升级，打造与优化信息共享平台，推动数字技术的创新与普及，从而为释放数字技术的服务业生产率效应提供源源不断的动力。二是不断开发数字技

术在企业生产经营活动中的应用。将数字技术灵活应用到企业生产能力、投入产出过程、采购体系、财务管理、营销推广等环节。将消费者引入服务供给环节，围绕消费者需求进行服务供给创新、企业组织管理创新，进而提升企业生产率。

第二，服务业中的中小企业要重视数字化对生产率的积极作用。虽然中小企业的技术基础、人力资本、实物资本等资源可能难以支撑其进行数字化发展，但是这并不意味着中小企业完全不采用数字技术。一是中小企业可以努力拓展增值服务。一方面，中小企业要重视数字技术在服务供给中的重要作用，充分利用数字技术对自身传统业务流程进行升级与拓展；另一方面，中小企业应重视数字技术在企业组织变革和管理制度创新服务供给中的重要作用，不断升级企业的经营活动，改善企业内部管理，提高企业生产率。二是中小企业要充分吸收大规模企业数字化发展的示范效应。相对于中小企业而言，大规模企业的资本、技术、人才等资源可以支撑数字化发展初期的高成本。在大规模企业进行数字化发展之后，数字技术的边际成本较低，中小企业要充分利用、融入大规模企业所提供的数字化服务，比如云平台，最大化实现数字化对自身生产率的提升效应。

本书的研究样本还显示，虽然服务业中的国有企业数字化水平高于民营企业，但是在国有企业及民营企业中，数字化均显著提升了其生产率，只不过国有企业中的生产率提升效应相对更明显。因此，不仅要加快国有企业的改革，而且还要重视民营企业的发展。其一，继续推动国有企业改革，充分发挥国有企业数字化发展的拉动作用。与民营企业相比，国有企业在资金、规模、科研以及政策等方面具有明显优势，这为国有企业数字化的发展奠定了基础。同时，国有企业数字化水平的逐渐提高也离不开国有企业改革的推进。因此，继续重视与普及数字技术在国有企业生产经营活动中的应用，不仅包括数字技术在生产服务产品环节的应用，而且包括数字技术在企业组织与管理方面的应用。其二，继续鼓励和支持民营企业的数字化发展。一方面为民营企业的数字化发展提供良好的环境与保障。比如给予民营企业数字化发展的相关政策支持，包括市场准入门槛、补贴、税收、人才支持等方面的保障。此外，为民营企业免费提供数字化相关的技术交流与学习的机会。另一方面关注与扶持数字技术相关行业的民营企业的发展，比如人工智能、云计算、区块链等行业，充分发挥民营企业的活力与创造力，推动数字技术的不断创新与普及。

四、充分发挥市场化在数字化提高服务业生产率过程中的作用

在数字化时代，数字技术效应充分发挥的前提与基础是数据要素配置具有有效性。与此同时，需要与之相匹配的资本、劳动力等传统要素以及相适应的数据管理能力。在这一过程中，市场化水平的高低起着不可替代的作用。市场化水平越高，越有利于数字技术的普及与应用，越有利于数据要素的配置以及与传统要素的融合，进一步释放数字化对服务业生产率的提升效应。因此，在数字化发展的过程中，应该正确处理市场与政府之间的关系。

第一，继续为数字技术的应用与普及营造宽松的市场环境。及时化解行业分割、市场分割等阻碍资本、技术、劳动力等要素高效配置的难题，增强市场在资源配置中的主要作用，避免数字化的盲目发展导致效率损失。

第二，及时调整数字技术研发与应用行业的监管制度。伴随着数字技术对服务业的渗透与融合，新业态、新模式、新平台逐渐出现。与之而来的是新业态与既有市场监管规则

之间的不一致，包括新出现的数据隐私保护等问题。因此，各部门应该密切关注这种变化，并及时制定相应的规则制度，扫除数字技术发展与应用的市场监督管理体制等方面的障碍，进一步为企业数字化发展创造良好的市场环境、经营环境。

第三，在数字化时代，数据成为关键的生产要素，然而关于数据要素的确权问题仍然尚未明晰。与之而来的是在数字化时代出现了具有新特点的侵权问题。针对数据要素的确权、开放、流通和交易等环节涉及的新问题，政府应不断完善相关法律法规体系，加快制定数据资源的相关制度，为数字技术的开发与应用提供制度保障。

五、全面提高劳动者技能，促进数字化提升服务业生产率

数字技术是原有信息技术的升级，因而会对经济社会生活的方方面面产生深远的影响，尤其是对传统的生产要素、生产流程、组织管理等产生变革性的影响。高技能劳动力具有的知识储备、认知能力、协调能力等使其很快适应与应用数字技术，有利于放大数字化对服务业生产率的提升效应。因此，在数字化发展的过程中，要重视相应人才的培养，并且重视提高低技能劳动力对数字技术的认知与应用能力。

第一，高校要重视培养数字化发展过程中所需人才。一方面，提升教育经费投入，持续扩大高等教育覆盖范围。不断推进数字技术向教育行业的渗透，提升教学效率。另一方面，以市场需求为导向，加快深化教育改革。结合数字技术的发展与应用、数字化发展的需求，各个高等教育和高职院校应及时更新与制定学生培养计划与学习课程，不仅包括增加数字经济等新的专业，而且包括新增数据挖掘与分析等新的课程，积极拓展数字经济与其他学科的交叉建设。

第二，加强高端人才联合培养。一方面，鼓励与支持政府、高校、研究机构和企业之间加强数字技术的沟通，共同培养数字技术方面的人才，不仅包括数字技术研发人才，也包括应用人才的联合培养。另一方面，积极引进全球数字产业方面的人才。政府积极制定补贴、税收等多方面优惠政策鼓励数字产业的相关企业及科研机构与海外先进技术团队的交流与合作，积极引进全球顶尖研发团队和科研人才，为数字技术在我国服务业中的应用提供人才保障。

第三，提高技能培训水平。一方面，企业引进数字技术时，及时跟踪新职业和新岗位的技能需求，为员工尤其是中低技能劳动者提供充足的岗位培训，提高员工对数字技术的认知与应用水平。另一方面，针对在数字化过程中失业的劳动者，政府不仅可以为其提供转岗职业培训平台，而且可以以政府采购、税收政策、培训补贴等措施鼓励企业和培训机构开展新职业、新岗位技能培训，提高劳动者自身技能，以适应数字化的发展，进而增强数字化对服务业生产率的提升作用。

参 考 文 献

巴斯夏．1995. 和谐经济论［M］. 北京：中国社会科学出版社．

蔡宏波，刘杜若，张明志．2015. 外商直接投资与服务业工资差距：基于中国城镇个人与行业匹配数据的实证分析［J］. 南开经济研究（4）：109-120.

蔡万象，李培凯．2021. 管理学研究中的内生性问题及其解决策略：工具变量的应用［J］. 中国人力资源开发，38（2）：6-22.

蔡跃洲，陈楠．2019. 新技术革命下人工智能与高质量增长、高质量就业［J］. 数量经济技术经济研究（5）：4-23.

曹跃群，杨玉玲，向红．2021. 交通基础设施对服务业全要素生产率的影响研究：基于生产性资本存量数据［J］. 经济问题探索（4）：37-50.

陈赤平，孔莉霞．2020. 制造业企业金融化、技术创新与全要素生产率［J］. 经济经纬，37（4）：73-80.

陈明，魏作磊．2018. 生产性服务业开放对中国服务业生产率的影响［J］. 数量经济技术经济研究，35（5）：95-111.

陈彦斌，林晨，陈小亮．2019. 人工智能、老龄化与经济增长［J］. 经济研究（7）：47-63.

程名望，张家平．2019. 互联网普及与城乡收入差距：理论与实证［J］. 中国农村经济（2）：19-41.

戴魁早，刘友金．2016. 要素市场扭曲与创新效率：对中国高技术产业发展的经验分析［J］. 经济研究，51（7）：72-86.

德劳内 让-克洛德，盖雷 让．2011. 服务经济思想史：三个世纪的争论［M］. 上海：上海人民出版社．

杜丹清．2017. 互联网助推消费升级的动力机制研究［J］. 经济学家（3）：48-54.

杜龙政，赵云辉，陶克涛，等．2019. 环境规制、治理转型对绿色竞争力提升的复合效应：基于中国工业的经验证据［J］. 经济研究，54（10）：106-120.

段文斌，尹向飞．2009. 中国全要素生产率研究评述［J］. 南开经济研究（2）：130-140.

樊纲，王小鲁，马光荣．2011. 中国市场化进程对经济增长的贡献［J］. 经济研究，46（9）：4-16.

范鑫．2020. 数字经济发展、国际贸易效率与贸易不确定性［J］. 财贸经济，41（8）：145-160.

范子英，彭飞．2017."营改增"的减税效应和分工效应：基于产业互联的视角［J］. 经济研究（2）：82-95.

冯泰文．2009. 生产性服务业的发展对制造业效率的影响：以交易成本和制造成本为中介变量［J］. 数量经济技术经济研究，26（3）：56-65.

伏开宝，陈宪．2021. 后工业化时期中国服务业生产率影响因素研究［J］. 经济问题探索（3）：181-190.

盖庆恩，朱喜，程名望，等．2015. 要素市场扭曲、垄断势力与全要素生产率［J］. 经济研究，50（5）：61-75.

葛和平，吴福象．2021. 数字经济赋能经济高质量发展：理论机制与经验证据［J］. 南京社会科学（1）：24-33.

荀琴，蔡辉，徐建国．2018. 资本账户开放与经济增长：长短期效应及渠道研究［J］. 经济科学（2）：45-59.

顾乃华，李江帆．2006. 中国服务业技术效率区域差异的实证分析［J］. 经济研究（1）：46-56.

郭家堂，骆品亮．2016. 互联网对中国全要素生产率有促进作用吗［J］. 管理世界（10）：34-49.

郭凯明，罗敏．2021. 有偏技术进步、产业结构转型与工资收入差距［J］. 中国工业经济（3）：24-41.

郭美晨．2017. 信息通信技术（ICT）与我国经济增长质量提升［D］. 天津：南开大学．

韩沈超，徐姗．2020. 高质量发展下中国服务业对外直接投资对行业生产率的影响：来自服务业分行业面板数据的证据［J］. 国际商务（对外经济贸易大学学报）（3）：115-128.

韩先锋，惠宁，宋文飞．2014. 信息化能提高中国工业部门技术创新效率吗［J］. 中国工业经济（12）：70-82.

韩先锋，宋文飞，李勃昕．2019. 互联网能成为中国区域创新效率提升的新动能吗［J］. 中国工业经济（7）：119-136.

郝寿义．2020. 论信息资本化与中国经济高质量发展［J］. 南开经济研究（6）：23-33+49.

何帆，刘红霞．2019. 数字经济视角下实体企业数字化变革的业绩提升效应评估［J］. 改革（4）：137-148.

何小钢，梁权熙，王善骝．2019. 信息技术、劳动力结构与企业生产率：破解"信息技术生产率悖论"之谜［J］. 管理世界，35（9）：65-80.
何宗樾，宋旭光．2020. 数字经济促进就业的机理与启示：疫情发生之后的思考［J］. 经济学家（5）：58-68.
贺娅萍，徐康宁．2019. 互联网对城乡收入差距的影响：基于中国事实的检验［J］. 经济经纬，36（2）：25-32.
胡浩然，张盼盼，张瑞恩．2020. 互联网普及与中国省内工资差距收敛［J］. 经济评论（1）：96-111.
胡宗彪，周佳．2020. 服务业全要素生产率再测度及其国际比较［J］. 数量经济技术经济研究，37（8）：103-122.
华广敏．2012. 高技术服务业 FDI 对东道国制造业效率影响的研究：基于中介效应分析［J］. 世界经济研究（12）：58-64+85-86.
黄群慧，余泳泽，张松林．2019. 互联网发展与制造业生产率提升：内在机制与中国经验［J］. 中国工业经济（8）：5-23.
惠士友．2014. 政府补助、股权结构与全要素生产率［D］. 沈阳：东北大学．
惠炜，韩先锋．2016. 生产性服务业集聚促进了地区生产率吗［J］. 数量经济技术经济研究，33（10）：37-56.
贾怀勤，高晓雨，许晓娟，等．2021. 数字贸易测度的概念架构、指标体系和测度方法初探［J］. 统计研究，38（12）：30-41.
江小涓．2017. 高度联通社会中的资源重组与服务业增长［J］. 经济研究（3）：4-17.
江小涓．2018. 网络时代的服务型经济：中国迈进发展新阶段［M］. 北京：中国社会科学出版社：176-177.
江小涓．2020a. 数字经济提高了服务业效率［N］. 北京日报，11-02（10）.
江小涓．2020b. 疫情时代下的数字经济［J］. 清华金融评论（6）：18-20.
江小涓．2021. 用数字技术克服“鲍莫尔病”［N］. 北京日报，10-25（9）.
江小涓，等．2014. 服务经济：理论演进与产业分析［M］. 北京：人民出版社．
江小涓，罗立彬．2019. 网络时代的服务全球化：新引擎、加速度和大国竞争力［J］. 中国社会科学（2）：68-91+205-206.
姜长云．2020. 生活性服务业现状、问题与“十四五”时期发展对策［J］. 经济纵横（5）：87-99+2.
焦勇．2020. 数字经济赋能制造业转型：从价值重塑到价值创造［J］. 经济学家（6）：87-94.
鞠雪楠，赵宣凯，孙宝文．2020. 跨境电商平台克服了哪些贸易成本：来自“敦煌网”数据的经验证据［J］. 经济研究，55（2）：181-196.
寇宗来，赵文天．2021. 分工视角下的数字化转型［J］. 北京交通大学学报（社会科学版），20（3）：50-59.
李坤望，邵文波，王永进．2015. 信息化密度、信息基础设施与企业出口绩效：基于企业异质性的理论与实证分析［J］. 管理世界（4）：52-65.
李磊，王小霞，包群．2021. 机器人的就业效应：机制与中国经验［J］. 管理世界，37（9）：104-119.
李廉水，鲍怡发，刘军．2020. 智能化对中国制造业全要素生产率的影响研究［J］. 科学学研究，38（4）：609-618+722.
李眺．2016. 服务业开放与我国服务业的生产效率研究：基于特定服务业的面板数据分析［J］. 产业经济研究（3）：102-110.
李文莲，夏健明．2013. 基于“大数据”的商业模式创新［J］. 中国工业经济（5）：83-95.
李丫丫，潘安．2017. 工业机器人进口对中国制造业生产率提升的机理及实证研究［J］. 世界经济研究（3）：87-96+136.
李雅楠，谢倩芸．2017. 互联网使用与工资收入差距：基于 CHNS 数据的经验分析［J］. 经济理论与经济管理（7）：87-100.
李政，陆寅宏．2014. 国有企业真的缺乏创新能力吗：基于上市公司所有权性质与创新绩效的实证分析与比较［J］. 经济理论与经济管理（2）：27-38.
李治国，王杰．2021. 数字经济发展、数据要素配置与制造业生产率提升［J］. 经济学家（10）：41-50.
李子秦．2019. 中国行业内要素错配：测算、成因及对策研究［D］. 上海：华东师范大学．
刘飞．2020. 数字化转型如何提升制造业生产率：基于数字化转型的三重影响机制［J］. 财经科学（10）：93-107.
刘刚，王丹，李佳．2017. 高管团队异质性、商业模式创新与企业绩效［J］. 经济与管理研究，38（4）：105-114.
刘航，伏霖，李涛，等．2019. 基于中国实践的互联网与数字经济研究：首届互联网与数字经济论坛综述［J］. 经济研究，54（3）：204-208.

刘欢．2020. 工业智能化如何影响城乡收入差距：来自农业转移劳动力就业视角的解释［J］. 中国农村经济（5）：55-75.

刘军，杨渊鋆，张三峰．2020. 中国数字经济测度与驱动因素研究［J］. 上海经济研究（6）：81-96.

刘乐．2018. 中国企业所有制结构与全要素生产率研究［D］. 上海：上海交通大学．

刘茂平．2010. 控制权收益与超控制权收益：大股东补偿与侵占［J］. 产经评论（4）：141-148.

刘晓倩，韩青．2018. 农村居民互联网使用对收入的影响及其机理：基于中国家庭追踪调查（CFPS）数据［J］. 农业技术经济（9）：123-134.

刘伊然．2021. 数字经济企业全要素生产率测度及其影响因素研究［D］. 济南：山东财经大学．

卢福财，徐远彬．2018. 互联网对生产性服务业发展的影响：基于交易成本的视角［J］. 当代财经（12）：92-101.

卢福财，徐远彬．2019. 互联网对制造业劳动生产率的影响研究［J］. 产业经济研究（4）：1-11.

卢现祥，王素素．2021. 中国要素市场化配置水平的南北差异及形成机理［J］. 数量经济技术经济研究，38（11）：21-42.

鲁晓东，连玉君．2012. 中国工业企业全要素生产率估计：1999—2007［J］. 经济学（季刊），11（2）：541-558.

罗珉，李亮宇．2015. 互联网时代的商业模式创新：价值创造视角［J］. 中国工业经济（1）：95-107.

马连福，王丽丽，张琦．2015. 混合所有制的优序选择：市场的逻辑［J］. 中国工业经济（7）：5-20.

马荣．2011. 中国国有企业效率研究：基于全要素生产率增长及分解因素的分析［J］. 上海经济研究（2）：20-28.

马述忠，房超，梁银锋．2018. 数字贸易及其时代价值与研究展望［J］. 国际贸易问题（10）：16-30.

马述忠，沈雨婷，耿学用．2020. 宽口径理解数字贸易的优势［EB/OL］. 中国社会科学网．

毛宇飞，曾湘泉，胡文馨．2018. 互联网使用能否减小性别工资差距：基于CFPS数据的经验分析［J］. 财经研究，44（7）：33-45.

宁光杰，林子亮．2014. 信息技术应用、企业组织变革与劳动力技能需求变化［J］. 经济研究，49（8）：79-92.

潘毛毛，赵玉林．2020. 互联网融合、人力资本结构与制造业全要素生产率［J］. 科学学研究，38（12）：2171-2182+2219.

庞瑞芝，邓忠奇．2014. 服务业生产率真的低吗［J］. 经济研究，49（12）：86-99.

庞瑞芝，张帅，王群勇．2021. 数字化能提升环境治理绩效吗：来自省际面板数据的经验证据［J］. 西安交通大学学报（社会科学版），41（5）：1-10.

蒲阿丽，李平．2019. 出口、市场化与资源配置效率的行业异质性分析［J］. 改革（9）：93-102.

戚聿东，蔡呈伟．2020a. 数字化对制造业企业绩效的多重影响及其机理研究［J］. 学习与探索（7）：108-119.

戚聿东，刘翠花，丁述磊．2020b. 数字经济发展、就业结构优化与就业质量提升［J］. 经济学动态（11）：17-35.

戚聿东，刘翠花．2020c. 数字经济背景下互联网使用是否缩小了性别工资差异：基于中国综合社会调查的经验分析［J］. 经济理论与经济管理（9）：70-87.

戚聿东，刘欢欢．2020d. 数字经济下数据的生产要素属性及其市场化配置机制研究［J］. 经济纵横（11）：63-76+2.

戚聿东，肖旭．2020e. 数字经济时代的企业管理变革［J］. 管理世界，36（6）：135-152+250.

邱泽奇，张樹沁，刘世定，等．2016. 从数字鸿沟到红利差异：互联网资本的视角［J］. 中国社会科学（10）：93-115+203-204.

任胜钢，郑晶晶，刘东华，等．2019. 排污权交易机制是否提高了企业全要素生产率：来自中国上市公司的证据［J］. 中国工业经济（5）：5-23.

阮文奇，郑向敏，李勇泉，等．2018. 中国入境旅游的“胡焕庸线”空间分布特征及驱动机理研究［J］. 经济地理（3）：181-189+199.

萨伊．1997. 政治经济学概率［M］. 北京：商务印书馆．

尚文思．2020. 新基建对劳动生产率的影响研究：基于生产性服务业的视角［J］. 南开经济研究（6）：181-200.

邵文波，李坤望．2014. 信息技术、团队合作与劳动力需求结构的差异性［J］. 世界经济，37（11）：72-99.

邵文波，匡霞，林文轩．2018. 信息化与高技能劳动力相对需求：基于中国微观企业层面的经验研究［J］. 经济评论（2）：15-29.

邵宜航，步晓宁，张天华．2013. 资源配置扭曲与中国工业全要素生产率：基于工业企业数据库再测算［J］. 中国工业经济（12）：39-51.

沈国兵，袁征宇．2020. 企业互联网化对中国企业创新及出口的影响［J］. 经济研究，55（1）：33-48.
沈俊杰．2015. 信息化促进服务业发展的机理分析［N］. 中国经济时报，10-16（5）.
沈悦，郭品．2015. 互联网金融、技术溢出与商业银行全要素生产率［J］. 金融研究（3）：160-175.
施炳展，李建桐．2020. 互联网是否促进了分工：来自中国制造业企业的证据［J］. 管理世界，36（4）：130-149.
石大千，李格，刘建江．2020. 信息化冲击、交易成本与企业 TFP：基于国家智慧城市建设的自然实验［J］. 财贸经济，41（3）：117-130.
石军伟，刘瑛．2021. 信息技术投资与工业企业创新绩效：来自中国上市公司的经验证据［J］. 中南财经政法大学学报（3）：126-137.
宋冬林，王林辉，董直庆．2010. 技能偏向型技术进步存在吗：来自中国的经验证据［J］. 经济研究，45（5）：68-81.
宋建，郑江淮．2017. 产业结构、经济增长与服务业成本病：来自中国的经验证据［J］. 产业经济研究（2）：1-13.
孙浦阳，韩帅，许启钦．2013. 产业集聚对劳动生产率的动态影响［J］. 世界经济，36（3）：33-53.
孙浦阳，张靖佳，姜小雨．2017. 电子商务、搜寻成本与消费价格变化［J］. 经济研究，52（7）：139-154.
孙早，刘李华．2018. 信息化提高了经济的全要素生产率吗：来自中国 1979—2014 年分行业面板数据的证据［J］. 经济理论与经济管理（5）：5-18.
孙早，侯玉琳．2019. 工业智能化如何重塑劳动力就业结构［J］. 中国工业经济（5）：61-79.
孙早，侯玉琳．2021. 人工智能发展对产业全要素生产率的影响：一个基于中国制造业的经验研究［J］. 经济学家（1）：32-42.
唐浩丹，蒋殿春．2021. 数字并购与企业数字化转型：内涵、事实与经验［J］. 经济学家（4）：22-29.
滕泽伟．2020. 中国服务业绿色全要素生产率的空间分异及驱动因素研究［J］. 数量经济技术经济研究，37（11）：23-41.
万伦，王顺强，陈希，等．2020. 制造业数字化转型评价指标体系构建与应用研究［J］. 科技管理研究，40（13）：142-148.
汪东芳，曹建华．2019. 互联网发展对中国全要素能源效率的影响及网络效应研究［J］. 中国人口·资源与环境，29（1）：86-95.
王兵，吴延瑞，颜鹏飞．2010. 中国区域环境效率与环境全要素生产率增长［J］. 经济研究，45（5）：95-109.
王娟．2016. "互联网+"与劳动生产率：基于中国制造业的实证研究［J］. 财经科学（11）：91-98.
王俊豪，周晟佳．2021. 中国数字产业发展的现状、特征及其溢出效应［J］. 数量经济技术经济研究，38（3）：103-119.
王莉娜．2020. 数字化对企业转型升级的影响：基于世界银行中国企业调查数据的实证分析［J］. 企业经济（5）：69-77.
王立彦，张继东．2007. ERP 系统实施与公司业绩增长之关系：基于中国上市公司数据的实证分析［J］. 管理世界（3）：116-121+137.
王姝楠，陈江生．2019. 数字经济的技术-经济范式［J］. 上海经济研究（12）：80-94.
王恕立，滕泽伟，刘军．2015a. 中国服务业生产率变动的差异分析：基于区域及行业视角［J］. 经济研究，50（8）：73-84.
王恕立，滕泽伟．2015b. FDI 流入、要素再配置效应与中国服务业生产率：基于分行业的经验研究［J］. 国际贸易问题（4）：167-176.
王恕立，王许亮．2017. 服务业 FDI 提高了绿色全要素生产率吗：基于中国省际面板数据的实证研究［J］. 国际贸易问题（12）：83-93.
王伟玲，王晶．2019. 我国数字经济发展的趋势与推动政策研究［J］. 经济纵横（1）：69-75.
王伟玲，吴志刚．2020. 新冠肺炎疫情影响下数字经济发展研究［J］. 经济纵横（3）：16-22.
王文．2020. 数字经济时代下工业智能化促进了高质量就业吗［J］. 经济学家（4）：89-98.
王许亮，王恕立，滕泽伟．2020. 中国服务业碳生产率的空间收敛性研究［J］. 中国人口·资源与环境，30（2）：70-79.
王燕武，李文溥，张自然．2019. 对服务业劳动生产率下降的再解释：TFP 还是劳动力异质性［J］. 经济学动态（4）：

18-32.
王耀中，张阳．2011. 改革开放以来中国服务业生产率实证分析［J］. 管理评论，23（10）：10-18.
王永进，匡霞，邵文波．2017. 信息化、企业柔性与产能利用率［J］. 世界经济，40（1）：67-90.
王宇，王铁男，易希薇．2020. R&D 投入对 IT 投资的协同效应研究：基于一个内部组织特征的情境视角［J］. 管理世界，36（7）：77-89.
温珺，阎志军，程愚．2019. 数字经济与区域创新能力的提升［J］. 经济问题探索（11）：112-124.
温忠麟，张雷，侯杰泰，等．2004. 中介效应检验程序及其应用［J］. 心理学报（5）：614-620.
吴昌南，陈小兰．2014. 我国服务业生产效率区域差异的实证研究：基于高速公路密度和改革力度的视角［J］. 经济地理，34（8）：118-124.
向书坚，吴文君．2019. 中国数字经济卫星账户框架设计研究［J］. 统计研究（10）：3-16.
项松林．2020. 人力资本错配对服务业生产率增长的影响：理论与行业经验［J］. 经济问题探索（9）：152-159.
谢康，夏正豪，肖静华．2020. 大数据成为现实生产要素的企业实现机制：产品创新视角［J］中国工业经济（5）：42-60.
邢宏洋，高俊，谭辉．2021. 国际空间溢出与服务业全要素生产率：基于空间随机前沿分析方法的测度［J］. 数量经济技术经济研究，38（5）：75-95.
熊鸿儒，马源，陈红娜，等．2021. 数字贸易规则：关键议题、现实挑战与构建策略［J］. 改革（1）：65-73.
徐保昌，谢建国．2016. 排污征费如何影响企业生产率：来自中国制造业企业的证据［J］. 世界经济，39（8）：143-168.
徐鑫，刘兰娟．2014. 新一代信息技术影响经济转型的作用机制研究［J］. 经济纵横（5）：55-58.
许和连，成丽红．2016. 制度环境、创新与异质性服务业企业 TFP：基于世界银行中国服务业企业调查的经验研究［J］. 财贸经济（10）：132-146.
许铁旻．2013. 信息技术范式的阶段性：理论与实证［J］. 情报科学，31（10）：113-118.
鄢显俊．2004. 从技术经济范式到信息技术范式：论科技-产业革命在技术经济范式形成及转型中的作用［J］. 数量经济技术经济研究（12）：139-146.
杨慧梅，江璐．2021. 数字经济、空间效应与全要素生产率［J］. 统计研究，38（4）：3-15.
杨晶，李哲．2020. 试论数字化转型对科研组织模式的影响［J］. 自然辩证法研究，36（8）：51-55.
杨青青，苏秦，尹琳琳．2009. 我国服务业生产率及其影响因素分析：基于随机前沿生产函数的实证研究［J］. 数量经济技术经济研究，26（12）：46-57+136.
杨汝岱．2015. 中国制造业企业全要素生产率研究［J］. 经济研究，50（2）：61-74.
杨廷干，吴开尧．2017. 服务业全要素生产率变化及其驱动因素：基于细分行业的研究［J］. 统计研究，34（6）：69-78.
杨秀云，梁珊珊．2021. 方言多样性如何影响制造业企业生产率［J］. 经济评论（6）：84-98.
余东华，孙婷，张鑫宇．2018a. 要素价格扭曲如何影响制造业国际竞争力［J］. 中国工业经济（2）：63-81.
余东华，信婧．2018b. 信息技术扩散、生产性服务业集聚与制造业全要素生产率［J］. 经济与管理研究，39（12）：63-76.
余东华，韦丹琳．2021. 互联网应用、技能溢价与制造业全要素生产率：兼论如何有效化解“索洛悖论”［J］. 财经问题研究（10）：40-48.
余林徽，陆毅，路江涌．2014. 解构经济制度对我国企业生产率的影响［J］. 经济学（季刊），13（1）：127-150.
袁淳，肖土盛，耿春晓，等．2021. 数字化转型与企业分工：专业化还是纵向一体化［J］. 中国工业经济（9）：137-155.
岳云嵩，李兵．2018. 电子商务平台应用与中国制造业企业出口绩效：基于“阿里巴巴”大数据的经验研究［J］. 中国工业经济（8）：97-115.
曾锵．2019. 大数据驱动的商业模式创新研究［J］. 科学学研究，37（6）：1142-1152.
张建华，程文．2019. 服务业供给侧结构性改革与跨越中等收入陷阱［J］. 中国社会科学（3）：39-61+205.
张龙鹏，周笛．2020. 服务业信息技术应用与生产率提升：来自中国企业的经验研究［J］. 财贸研究，31（6）：1-13.

张路娜，胡贝贝，王胜光．2021. 数字经济演进机理及特征研究［J］. 科学学研究，39（3）：406-414.
张昕蔚．2019. 数字经济条件下的创新模式演化研究［J］. 经济学家（7）：32-39.
赵璨，曹伟，姚振晔，等．2020. “互联网+”有利于降低企业成本粘性吗［J］. 财经研究，46（4）：33-47.
赵宸宇，王文春，李雪松．2021. 数字化转型如何影响企业全要素生产率［J］. 财贸经济，42（7）：114-129.
赵若锦．2017. 我国服务业生产率测度及其影响因素研究：基于省际面板数据的实证分析［J］. 国际经贸探索，33（6）：18-31.
赵涛，张智，梁上坤．2020. 数字经济、创业活跃度与高质量发展：来自中国城市的经验证据［J］. 管理世界，36（10）：65-76.
赵文军，于津平．2014. 市场化进程与我国经济增长方式：基于省际面板数据的实证研究［J］. 南开经济研究（3）：3-22.
赵彦云．2020. 数字化、广义统计与数族协同［J］. 统计研究，37（5）：117-128.
郑磊．2021. 城市数字化转型的内容、路径与方向［J］. 探索与争鸣（4）：147-152+180.
郑琼洁，王高凤．2021. 人工智能技术应用与中国制造业企业生产率：兼对“生产率悖论”的再检验［J］. 学习与实践（11）：59-69.
郑琼洁，姜卫民．2022. 数字经济视域下制造业企业数字化转型研究：基于企业问卷调查的实证分析［J］. 江苏社会科学（1）：137-149.
周慧慧，李海霞，赵琳瑞．2021. 制造业数字化转型对绿色创新绩效的影响研究：数字化水平的调节作用［J］. 科技与管理，23（1）：33-43.
卓乘风，邓峰．2019. 互联网发展如何助推中国制造业高水平“走出去”：基于出口技术升级的视角［J］. 产业经济研究（6）：102-114.
OECD. 2014. Measuring the digital economy: A new perspective [M]. Pairs: OECD Publishing.
Abbott T A. 1992. Price dispersion in U. S. manufacturing: Implications for the aggregation of products and firms [R]. [S. l.]: U. S. Census Bureau Working Paper.
Abeliansky A L, Hilbert M. 2017. Digital technology and international trade: Is it the quantity of subscriptions or the quality of data speed that matters [J]. Telecommunications Policy, 41 (1): 35-48.
Acemoglu D. 2002. Directed technical change [J]. The Review of Economic Studies, 69 (4): 781-809.
Acemoglu D, Restrepo P. 2018a. Artificial intelligence, automation and work [R]. New York: NBER.
Acemoglu D, Restrepo P. 2018b. Low-skill and high-skill automation [J]. Journal of Human Capital, 12 (2): 204-232.
Acemoglu D, Restrepo P. 2018c. The race between man and machine: Implications of technology for growth, factor shares, and employment [J]. American Economic Review, 108 (6): 1488-1542.
Ackerberg D A, Caves K, Frazer G. 2006. Structural identification of production functions [R]. Los Angeles: UCLA.
Aghion P, Howitt P. 1992. A model of growth through creative destruction [J]. Econometrica, 60 (2): 323-351.
Aigner D, Knox L C A, Schmidt P. 1977. Formulation and estimation of stochastic frontier production function models [J]. Journal of Econometrics, 6 (1): 21-27.
Akerman A, Garder I, Mogstad M. 2015. The skill complementarity of broadband internet [J]. The Quarterly Journal of Economics, 130 (4): 1781-1824.
Amable B, Ledezma I, Robin S. 2016. Product market regulation, innovation, and productivity [J]. Research Policy, 45 (10): 2087-2104.
Amiti M, Konings J. 2007. Trade liberalization, intermediate inputs, and productivity: Evidence from Indonesia [J]. American Economic Review, 97 (5): 1611-1638.
Arrow K J. 1962. The economic implications of learning-by-doing [J]. Review of Economic Studies, 29 (3): 155-173.
Autio E, Nambisan S, Thomas L, et al. 2018. Digital affordances, spatial affordances, and the genesis of entrepreneurial ecosystems [J]. Strategic Entrepreneurship Journal, 12 (1): 72-95.
Autor D H, Levy F, Murnane R J. 2003. The skill content of recent technological change: An empirical exploration [J]. The Quarterly Journal of Economics, 118 (4): 1279-1333.
Autor D, Salomon A. 2018. Is automation labor displacing? Productivity growth, employment, and the labor share [R]. New

York: NBER.

Bailey S J, Anttiroiko A V, Valkama P. 2016. Application of Baumol's cost disease to public sector services: Conceptual, theoretical and empirical falsities [J]. Public Management Review, 18 (1): 91-109.

Banker R D. 1980. A game theoretic approach to measuring efficiency [J]. European Journal of Operational Research, 5 (4): 262-266.

Barro R J, Sala-i-Martin X. 1995. Economic growth [M]. New York: McGraw Hill.

Bartel A, Ichniowski C, Shaw K. 2007. How does information technology affect productivity: Plant-level comparisons of product innovation, process improvement, and worker skills [J]. The Quarterly Journal of Economics, 122 (4): 1721-1758.

Baumann J, Kritikos A S. 2016. The link between R&D, innovation and productivity: Are micro firms different [J]. Research Policy, 45 (6): 1263-1274.

Baumol W, Blackman S, Wolff E. 1985. Unbalanced growth revisited: Asymptotic stagnancy and new evidence [J]. American Economic Review, 75 (4): 806-817.

Baumol W. 1967. Macroeconomics of unbalanced growth: the anatomy of urban crisis [J]. The American Economic Review, 57 (3): 415-426.

Becker G S, Murphy K M. 1992. The division of labor, coordination costs, and knowledge [J]. Quarterly Journal of Economics, 107 (4): 1137-1160.

Bell D. 1976. The coming of post-industrial society, a venture in social forecasting [M]. New York: Basic Books.

Bernard A B, Jones C I. 1996. Comparing apples to oranges: Productivity convergence and measurement across industries and countries [J]. American Economic Review, 86 (5): 1216-1238.

Bloom N, Sadun R, van Reenen J. 2016. Management as a technology [R]. Cambridge: Harvard Business School.

Bloom N, Floetotto M, Jaimovich N, et al. 2018. Really uncertain business cycles [J]. Econometrica, 86 (3), 1031-1065.

Broadberry S, Ghosal S. 2005. Technology, organization and productivity performance in services: Lessons from Britain and the United States since 1870 [J]. Structural Change and Economic Dynamics, 16 (4): 437-466.

Brynjolfsson E, Hitt L M, Yang S. 2002. Intangibleassets: Computers and organizational capital [J]. Brookings Papers on Economic Activity (1): 137-181.

Brynjolfsson E, Hu Y J, Smith M D. 2003. Consumer surplus in the digital economy: Estimating the value of increased product variety at online booksellers [J]. Management Science, 49 (11): 1580-1596.

Brynjolfsson E, Mitchell T, Rock D. 2018. What can machines learn and what does it mean for occupations and the economy [J]. AEA Papers and Proceedings (108): 43-47.

Buzzell R D. 1983. Is vertical integration profitable [J]. Harvard Business Review, 61 (1): 92-102.

Cardona M, Kretschmer T, Strobel T. 2013. ICT and productivity: Conclusions from the empirical literature [J]. Information Economics and Policy, 25 (3): 109-125.

Carteni A, Pariota L, Henke I. 2017. Hedonic value of high-speed rail services: Quantitative analysis of the students' domestic tourist attractiveness of the main Italian cities [J]. Transportation Research Part A-policy and Practice (100): 348-365.

Caves D W, Christensen L R, Diewert W E. 1982. The economic theory of index numbers and the measurement of input, output and productivity [J]. Econometrica, 50 (1): 1393-1414.

Chambers R G, Färe R, Grosskopf S. 1996. Productivity growth in APEC countries [J]. Pacific Economic Review, 1 (3): 181-190.

Charnes A, Cooper W W, Rhodes E. 1978. Measuring the efficiency of decision-making units [J]. European Journal of Operational Research, 2 (6): 429-444.

Cheng G, Ribiere V. 2021. Developing a unified definition of digital transformation [J]. Technovation (102): 102217.

Chung Y H, Färe R, Grosskopf S. 1997. Productivity and undesirable outputs: a directional distance function approach [J]. Journal of Environmental Management, 51 (3): 229-240.

Claessens S, Feijen E, Laeven L. 2008. Political connections and preferential access to finance: The role of campaign contributions [J]. Journal of Financial Economics, 88 (3): 554-580.

Clark C. 1940. The conditions of economic progress [M]. London: MacMillan.

Clemons E K, Reddi S P, Row M C. 1993. The impact of information technology on the organization of economic activity: The "move to the middle" hypothesis [J]. Journal of Management Information Systems, 10 (2): 9-35.

Colson C. 1924. Cours d'economie politique [M]. Paris: Gauthier Villars & Alcan.

Czernich N, Falck T, Woessmann L. 2011. Broadband infrastructure and economic growth [J]. Economic Journal, 121 (552): 505-532.

Dana J D, Orlov E. 2014. Internet penetration and capacity utilization in the US airline industry [J]. American EconomicJournal: Microeconomics, 6 (4): 106-137.

David J M, Venkateswaran V. 2019. The sourdhes of capital misallocation [J]. The American Economic Review, 109 (7): 2531-2567.

De Loecker Jan, Goldberg Pinelopi K, Khandelwal Amit K, et al. 2016. Prices, markups, and trade reform [J]. Econometrica, 84 (2): 445-510.

Denison F. 1967. Why growth rates differ: Post-war experience in nine western countries [M]. Washington, D. C.: Brooking Institution.

Donaldson D. 2018. Railroads of the Raj: Estimating the impact of transportation infrastructure [J]. The American Economic Review, 108 (45): 899-934.

Dosi G. 1982. Technical paradigms and technological trajectories: A suggested interpretation of the determinant and directions of technical change [J]. Research Policy (3): 147-162.

Dougherty D, Dunne D. 2012. Digital science and knowledge boundaries in complex innovation [J]. Organization Science, 23 (5), 1467-1484.

Du J, Lu Y, Tao Z. 2012. Contracting institutions and vertical integration: Evidence from China'smanufacturing firms [J]. Journal of Comparative Economics, 40 (1): 89-107.

Fisher A G B. 1935. The clash of progress and security [M]. London: MacMillan.

Foster L, Syverson C, Haltiwanger J C. 2008. Reallocation, firm turnover, and efficiency: Selection on productivity or profitability [J]. American Economic Review, 98 (1): 394-425.

Foster L, Haltiwanger J C, Syverson C. 2016. The slow growth of new plants: Learning about demand [J]. Economica, 83 (329): 91-129.

Freeman C, Perez C. 1988. Structural crises of adjustment, business cycles and investment behaviour [C]//Dosi Giovanni et al. Technical change and economic theory. London: Francis Pinter: 38-66.

Frey C B, Osborne M A. 2017. The future of employment: How susceptible are jobs to computerization [J]. Technological Forecasting and Social Change (114): 254-280.

Färe R, Grosskopf S, Lindgren B. et al. 1992. Productivity changes in Swedish pharamacies 1980-1989: A non-parametric Malmquist approach [J]. The Journal of Productivity Analysis, 3 (1): 85-101.

Färe R, Grosskopf S, Norris M, et al. 1994. Productivity growth, technical progress and efficiency change in industrialized countries [J]. American Economic Review, 84 (1): 66-83.

Gnangnon S K, Iyer H. 2018. Does bridging the internet access divide contribute to enhancing countries' integration into the global trade in services markets [J]. Telecommunications Policy, 42 (1): 61-77.

Goldfarb A, Tucker C. 2019. Digital economics [J]. Journal of Economic Literature, 57 (1): 3-43.

Graetz G, Michaels G. 2015. Robots at work [J]. Social Science Electronic Publishing, 368 (9533): 358.

Griliches Z. 1994. Productivity, R&D, and the data constraint [J]. American Economic Review (84): 221-236.

Grosskopf S. 2003. Some remarks on productivity and its decompositions [J]. Journal of Productivity Analysis, 20 (3): 459-474.

He J, Fang X, Liu H. 2019. Mobile app recommendation: An involvement-enhanced approach [J]. MIS Quarterly, 43 (3): 827-849.

Heeks R. 2008. ICT4D 2.0: The next phase of applying ICT for international development [J]. Computer, 41 (6): 26-33.

Hempell T. 2005. Does experience matter? Innovations and the productivity of information and communication technologies in German services [J]. Economics of Innovation and New Technology, 14 (4): 277-303.

Hoang V N, Coello T. 2011. Measurement of agricultural total factor productivity growth incorporating environmental factors: A nutrients balance approach [J]. Environ Econ Manage, 62 (3): 462-474.

Hoekman B, Shepherd B. 2015. Who profits from trade facilitation initiatives: Implications for African countries [J]. Journal of African Trade, 2 (1-2): 51-70.

Hollenbeck B. 2016. Online reputation mechanisms and the decreasing value of brands [R]. Los Angeles: UCLA.

Holmes T J. 1999. Localization of industry and vertical disintegration [J]. Review of Economics and Statistics, 81 (2): 314-325.

Hopenhayn H A, Rogerson R. 1993. Job turnover and policy analysis: A general equilibrium analysis [J]. Journal of Political Economy (101): 915-938.

Hopenhayn H A. 2014. Firms, Misallocation, and aggregate productivity: A review [J]. Annual Review of Economics (6): 735-770.

Hsieh C, Klenow P J. 2009. Misallocation and manufacturing TFP in China and India [J]. Quarterly Journal of Economics, 124 (4): 1403-1448.

Inklaar R, Timmer M P, van Ark B. 2008. Marketservices productivity across Europe and the US [J]. Economic Policy, 23 (53): 140-194.

Jiw A T, Ram, Changyu Z, et al. 2016. The implications of big data analytics on business intelligence: A qualitative study in China [J]. Procedia Computer Science (87): 221-226.

Jorgenson W, Grillches Z. 1967. The explanation of productivity change [J]. Review of Economic Studies (34): 249-283.

Keller W. 2002. Geographic localization of international technology diffusion [J]. American Economic Review, 92 (1): 120-142.

Kendrick J W, Creamer D. 1965. Measuring company productivity [R]. [S. l.]: Conference Board Studies in Business Economics.

Legner C, Eymann T, Hess T, et al. 2017. Digitalization: Opportunity and challenge for the business and information systems engineering community [J]. BusInf Syst Eng. (59): 301-308.

Levinsohn J, Petrin A. 2003. Estimating production functions using inputs to control for unobservable [J]. Review of Economic Studies, 70 (2): 317-341.

Li B, Lu Y. 2009. Geographic concentration and vertical disintegration: Evidence from China [J]. Journal of Urban Economics, 65 (3): 294-304.

Liu H, Lobschat L, Verhoef P C. 2019a. Digital transformation: A multidisciplinary reflection and research agenda [J]. Journal of Business Research, 12 (1): 889-901.

Liu T, Wan Z X, Yang C Y. 2019b. The efficiency of a dynamic decentralized two-sided matching market [M/OL]. [S. l.]: Social Science Electronic Publishing.

Lucas R E. 1978. Asset prices in an exchange economy [J]. Econometrica: Journal of the Econometric Society, 46 (6): 1429-1445.

Lucas R E. 1988. On the mechanism of economic development [J]. Journal of MonetaryEconomics (22): 3-42.

Markusen J, Rutherford T F, Tarr D. 2005. Trade and direct investment in producer services and the domestic market for expertise [J]. Canadian Journal of Economics (38): 758-777.

Meijers H. 2014. Does the internet generate economic growth, international trade, or both [J]. International Economics and Economic Policy, 11 (1): 137-163.

Melitz M J. 2000. Estimating firm-level productivity in dierentiated product industries [OL]. https: //scholar. harvard. edu/melitz/files/prodest. pdf.

Melitz M J. 2003. The impact of trade on intra-industry reallocations and aggregate industry productivity [J]. Econometrica, 71 (6): 1695-1725.

Mergel I, Edelmann N, Haug N. 2019. Defining digital transformation: Results from expertinte views [J]. Government Information Quarterly, 36 (4): 101385.

Miroudot S. 2006. The linkages between open services markets and technology transfer [J]. OECD Trade Policy Papers (29):

2-54.

Moll B. 2014. Productivity losses from financial frictions: Can self-financing undo capital misallocation [J]. The American Economic Review, 104 (10): 3186-3221.

Nakasone E, Torero M, Minten B. 2014. The power of information: The ICT revolution in agricultural development [J]. Annual Review of Resource Economics (1): 1-40.

Nanere Marthin, Fraser Iain, Quazi Ali, et al. 2007. Environmentally adjusted productivity measurement: An Australian case study [J]. Journal of Environmental Management, 85 (2): 350-362.

Nunn N, Qian N. 2014. US food aid and civil conflict [J]. American Economic Review, 104 (6): 1630-1666.

Olley S, Pakes A. 1996. The dynamics of productivity in the telecommunications equipment industry [J]. Econometrica, 64 (6): 1263-1298.

Orlov E. 2011. How does the internet influence price dispersion: Evidence from the airline industry [J]. The Journal of Industrial Economics, 59 (1): 21-37.

Osterwalder A, Pigneur Y. 2013. Designing business models and similar strategic objects: the contribution of IS [J]. Journal of the Association forInformation Systems, 14 (5): 237-244.

Paulo M N, Tiago N S, Zelia S. 2007. Firms' leverage and labour productivity: a quantile approach in Portuguese firms [J]. Applied Economics, 39 (14): 1783-1788.

Pedulla D S, Pager D. 2019. Race and networks in the job search process [J]. American Sociological Review, 84 (6): 983-1012.

Pee L G. 2016. Customer co-creation in B2C e-commerce: Does it lead to better new products [J]. Electron Commer Res (16): 217-243.

Perez C. 1983. Structural change and assimilation of new technologies in the economic and social systems [J]. Futures, 15 (5): 357-375.

Peters B, Riley R, Siedschlag I, et al. 2018. Internationalisation, innovation and productivity in services: Evidence from Germany, Ireland and the United Kingdom [J]. Review of World Economics, 154 (3): 585-615.

Peters M. 2020. Heterogeneous markups, growth, and endogenous misallocation [J]. Econometrica, 88 (5): 2037-2073.

Pisano P, Pironti M, Rieple A. 2015. Identify innovative business models: Can innovative business models enable players to react to ongoing trends [J]. Journal of Entrepreneurship Research, 5 (3): 181-199.

Quinn J B, Baily M N. 1994. Information technology: increasing productivity in services [J]. Academy of Management Perspective, 8 (3): 28-51.

Restuccia D, Rogerson R. 2008. Policy distortions and aggregate productivity with heterogeneous establishments [J]. Review of Economic Dynamics, 11 (4): 707-720.

Restuccia D, Rogerson R. 2017. The causes and costs of misallocation [J]. Journal of Economic Perspectives, 31 (3): 151-174.

Ritter T, Pedersen C L. 2020. Digitization capability and the digitalization of business models in business-to-business firms: Past, present, and future [J]. Industrial Marketing Management (86): 180-190.

Romer P M. 1986. Increasing returns and long-run growth [J]. The Journal of Political Economy, 94 (5): 1002-1037.

Romer P M. 1990. Endogenous technological change [J]. Journal of Political Economy, 98 (5): 71-102.

Sato S, Hawkins J. 2001. Electronic finance: An overview of the issues [J]. Bis Papers Chapters, 7 (1): 1-12.

Schwertner K. 2017. Digital transformation of business [J]. Trakia Journal of Sciences, 15 (1): 388-393.

Sebastian I M, Ross J W, Beath C, et al. 2017. How big old companies navigate digital transformation [J]. MIS Quarterly Executive, 16 (3): 197-213.

Shaver J M. 2020. Causal identification through a cumulative body of research in the study of strategy and organizations [J]. Journal of Management, 46 (7): 1244-1256.

Shephard R W. 1953. Cost and production functions [M]. Princeton: Princeton University Press.

Solow R M. 1957. Technical change and the aggregate production function [J]. The review of Economics and Statistics, 39 (3): 312-320.

Srivastava A. 2014. The status and impact of e-finance on developing economy [J]. Golden Research Thoughts, 3 (5): 1-3.

Storch H. 1823. Coursd' economiepolitiqueou exposition des principes qui déterminant la prospérité des nations [M]. Pairs: Aillaut.

Syrquin M. 1984. Resource allocation and productivity growth [M]. Orlando: Academic Press: 75-101.

Triplett J E, Bosworth B P. 2003. Productivity measurement issues in services industries: "Baumol's Disease" has been cured [J]. Economic Policy Review, 9 (3): 23-33.

Uzawa H. 1965. Optimum technical change in an aggregative model of economic growth [J]. International Economic Review, 6 (1): 18-31.

van Biesebroeck J. 2007. Robustness of productivity estimates [J]. Journal of Industrial Economics, 55 (3): 529-569.

Verhoef P C, Broekhuizen T, Bart Y, et al. 2021. Digital transformation: A multi-disciplinary reflection and research agenda [J]. Journal of Business Research (122): 889-901.

Wamba S F, Gunasekaran A, Akter S. 2017. Big data analytics and firm performance: Effects of dynamic capabilities [J]. Journal of Business Research, 70 (1): 356-365.

Wen H, Lee C C, Song Z. 2021. Digitalization and environment: How does ICT affect enterprise environmental performance [J]. Environmental Science and Pollution Research (5): 54826-54841.

Wong C W Y, Lai K H, Cheng T C E, et al. 2015. The role of IT-enabled collaborative decision making in interorganizational information integration to improve customer service performance [J]. International Journal of Production Economics, 159 (1): 56-65.

Young A. 2014. Structural transformation, the mismeasurement of productivity growth, and the cost disease of Services [J]. American Economic Review, 104 (11): 3635-3667.

Zhang Y. 2004. Vertical specialization of firms: Evidence from China's manufacturing sector [R]. Beijing: CCER.

Fourastié Jean. 1949. Le grand espoir du xxe siècle progrès technique, progrès économique, progrès social [M]. Paris: Presses Universitaires de France.

Tinbergen J. 1942. Zur theorie der langfristigen wirtschaft sentwicklung [J]. Weltwirtschaftliches Archiv, 55 (1): 511-549.